郝克明先生
纪念文集

In Memory of Madam Hao Keming
Collected Papers and Commemorative Essays

中国教育发展战略学会　北京大学教育学院　◎ 编

图书在版编目 (CIP) 数据

郝克明先生纪念文集 / 中国教育发展战略学会，北京大学教育学院编 . —北京：北京大学出版社，2024.1

ISBN 978-7-301-34772-0

Ⅰ. ①郝… Ⅱ. ①中… ②北… Ⅲ. ①郝克明（1933–2023）–纪念文集 Ⅳ. ① K825.46–53

中国国家版本馆 CIP 数据核字 (2023) 第 245350 号

书　　　名	郝克明先生纪念文集 HAOKEMING XIANSHENG JINIAN WENJI
著作责任者	中国教育发展战略学会　北京大学教育学院　编
责 任 编 辑	刘　军
标 准 书 号	ISBN 978-7-301-34772-0
出 版 发 行	北京大学出版社
地　　　址	北京市海淀区成府路 205 号　100871
网　　　址	http://www.pup.cn　　新浪微博：@ 北京大学出版社
微信公众号	通识书苑（微信号：sartspku）　科学元典（微信号：kexueyuandian）
电 子 邮 箱	编辑部 jyzx@pup.cn　　总编室 zpup@pup.cn
电　　　话	邮购部 010-62752015　发行部 010-62750672　编辑部 010-62753056
印 刷 者	涿州市星河印刷有限公司
经 销 者	新华书店
	720 毫米 ×1020 毫米　16 开本　12 印张　16 插页　200 千字 2024 年 1 月第 1 版　2024 年 1 月第 1 次印刷
定　　　价	100.00 元

未经许可，不得以任何方式复制或抄袭本书之部分或全部内容。
版权所有，侵权必究
举报电话：010-62752024　电子邮箱：fd@pup.cn
图书如有印装质量问题，请与出版部联系，电话：010-62756370

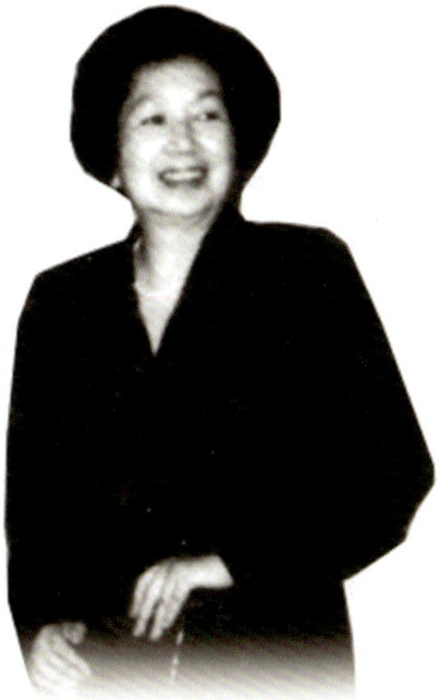

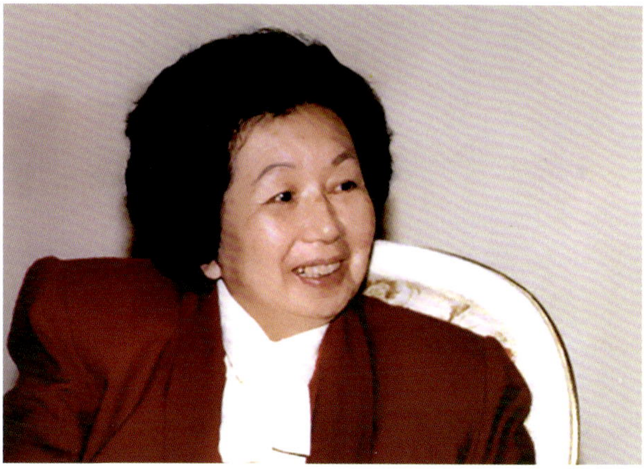

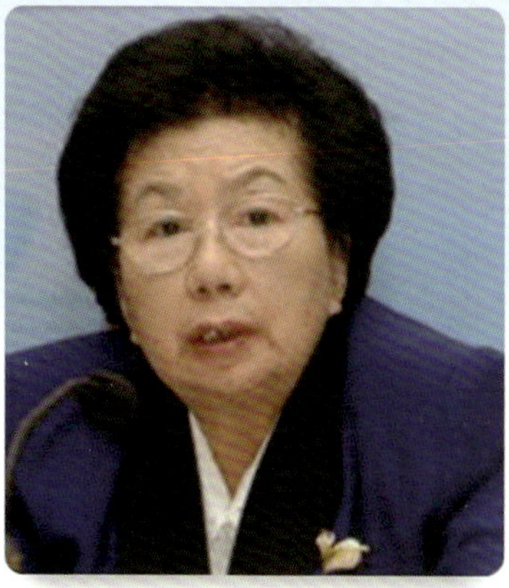

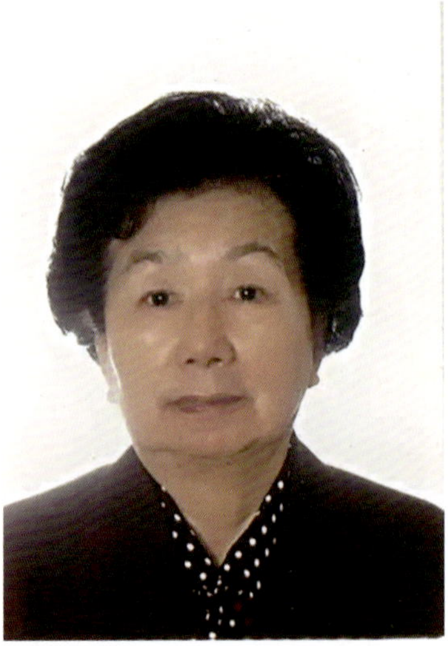

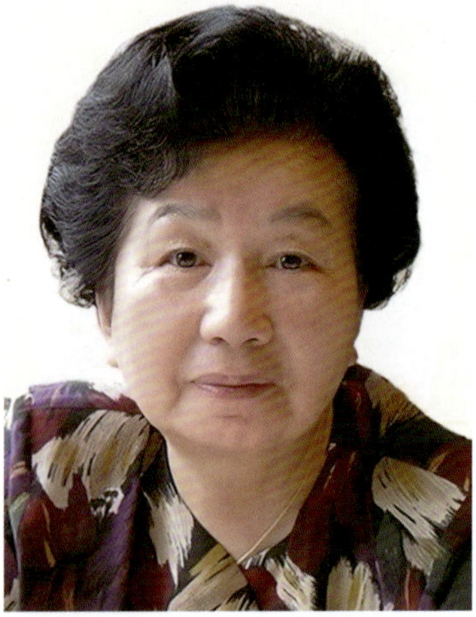

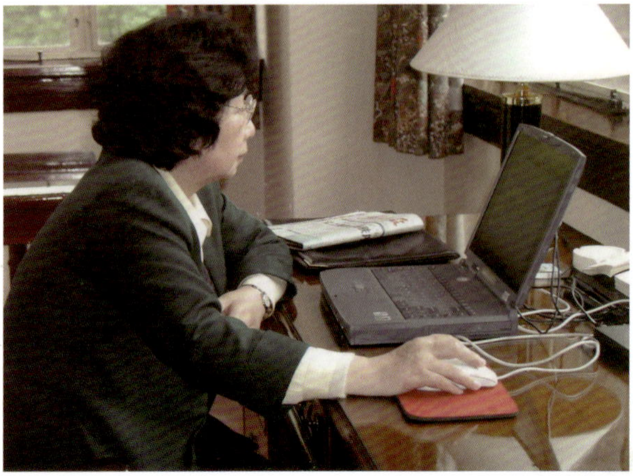

2000年国家教育发展研究中心专家咨询委员会会议会后中心工作人员合影

2001年国家教育发展研究中心第二次专家咨询会议代表合影

2002年国家教育发展研究中心第三次专家咨询会

2003年国家教育发展研究中心第四次专家咨询会议

1996年郝克明先生和发展中心同事参加教育部运动会

郝克明先生和发展中心同事欢度春节

郝克明先生和发展中心同事到京郊旅游

郝克明先生和发展中心同事在教育部办公楼前合影

郝克明先生和发展中心青年同事在逸仙堂合影

郝克明先生和发展中心青年同事在逸仙堂合影

郝克明先生（前右）与北京大学高等教育研究所老同事合影：陆小玉（前左）
后排左起：曲士培、汪永铨、陈学飞

郝克明先生与汪永铨先生

郝克明先生与谈松华、周满生、张力

郝克明先生和谈松华

郝克明先生和张力

郝克明先生和周满生

郝克明先生和韩民

郝克明先生和康宁

2020 年 1 月中国教育发展战略学会周满生、张双鼓、韩民拜访郝克明先生

北京大学教育学院丁小浩(前左)、文东茅(后右)、阎凤桥(后左)拜访郝克明先生,李铮(后中)陪同

郝克明先生陪同时任国家教委主任朱开轩会见日本前首相村山富市

2003年时任澳门特别行政区行政长官何厚铧会见郝克明先生

1989年参加面向21世纪教育国际研讨会(北京香山饭店)

1990年访问德国,与德国时任国务秘书冷格尔先生会谈后合影

1992年主持"教育为地方发展服务"中美学者研讨会

1993年参加菲律宾亚太地区教育大会

1993年与菲律宾小学生在一起

1993年美国胡德文理学院授予郝克明先生名誉博士学位

1993 年访问美国胡德文理学院

1993 年访问美国亚利桑那州摩托罗拉大学

1994 年访问日本，会见东京大学校长

1994年与日本中学生在一起

1994年主持《中国教育地图集》编委会工作会议和专家评议会

同来访的俄罗斯高等教育研究所所长阿·亚·萨维列夫会谈

1995年组织世界妇女大会分论坛之三

1995年组织世界妇女大会分论坛之五

1995年访问印度班加罗尔大学

1996 年出席面向 21 世纪教育国际学术报告会

1996 年会见美国教育部长理查德·雷利

1996 年会见美国宾夕法尼亚大学教育学院苏珊·福尔曼院长

1998 年主持发展中心专题研讨会

1999 年访问韩国教育开发院

2000 年出席高等教育发展政策国际研讨会

2000 年出席中国教育国际交流协会论坛

2001 年出席中国教育国际交流协会职业教育国际周

2002 年访问澳大利亚，签约教育交流合作项目

2002 年访问美国奥斯汀得克萨斯大学

2002 年代表中国教育国际交流协会与美国州立大学协会会长共庆双方合作 20 周年

2003 年访问澳门科技大学

2004年出席教育发展国际论坛(北京)

2004年出席中美关系研讨会期间,与美国前总统乔治·布什交谈

2004年美国哥伦比亚大学教育学院在北京为郝克明先生颁奖

2005年出席中国教育发展战略学会成立大会

2005年主持中国教育发展战略学会第一届理事会会议

与云南彝族学生在一起

2007 年出席上海终身学习发展规划纲要论证会议

2007 年出席天津教育支撑滨海新区论证会

2007 年出席战略学会年会

2008年访问芬兰,听取国务秘书介绍该国终身教育情况

2008年向丹麦教育部长伯特·哈德尔赠送学会研究成果

2009年出席战略学会年会

2010 年在上海国际教育论坛致辞

2010 年在台湾文化大学参观

2011 年在上海终身学习会议讲演

2011 年出席上海终身学习会议

2011 年战略学会、发展中心、北京大学签订三方合作研究协议

2012 年出席国家开放大学、北京开放大学、上海开放大学成立大会暨揭牌仪式

2012 年调研云南开放大学试点项目

2012 年出席中国教育发展战略学会第二届理事会成立大会

2012 年到江苏开放大学调研

2013 年参加国家开放大学周年活动

2013 年出席北京师范大学中国教育政策研究院会议

2013 年参观北京大学校史馆

2013 年郝克明先生教育科研成果研讨会

2013 年考察上海学习型城市建设

2013 年考察上海市学习型社区试点

2013年出席战略学会终身教育工作委员会学术年会

2014年出席"新型城镇化的教育战略与人才培养研究"研讨会

与联合国教科文组织总干事费德里科·马约尔会谈

与美国卡内基教学促进基金会波伊尔主席及夫人合影

与美国卡内基教学促进基金会波伊尔夫人观摩中国西部地区小学生劳技课

参加美国卡内基教学促进基金会已故主席波伊尔博士遗赠书籍仪式

与广东省政府负责同志共同启动开展全省终身学习项目

出席澳门教育界研讨会

2012年郝克明先生获得教育部颁发的"全国教育科学研究突出贡献奖"

郝克明先生领衔完成的重要研究成果及部分奖状

2023年4月18日,郝克明先生追思会

郝克明同志生平

郝克明同志，女，1933年7月12日生，陕西西安人。1949年参加革命工作；1952年加入中国共产党并参加工作；2005年10月退休；2023年1月13日在北京因病逝世，享年90岁。

郝克明同志曾担任北京大学党委政策研究室主任，教育部政策研究室主任，国家教育委员会副秘书长、专职委员，国家教育发展研究中心主任、中国教育国际交流协会第一副会长、全国教育科学规划领导小组副组长、中国教育发展战略学会会长、国家教育咨询委员会委员以及北京大学等高校兼职教授、博士生导师等；1991年被国务院确定为享受政府特殊津贴专家。

郝克明同志长期致力于中国教育发展战略和宏观教育政策研究，研究成果卓著，特别是在教育结构体系、终身学习体系研究等领域有很多开创性的研究。她主持编著的《中国高等教育结构研究》《应用学科高层次专门人才培养途径多样化研究》《21世纪初中国教育发展战略研究》《当代中国教育结构体系研究》《跨进学习社会——关于建设终身学习体系和学习型社会的研究》《独生子女群体与民族竞争力研究》等研究成果均获得国家级奖励。2012年她获得教育部授予的"全国教育科学研究突出贡献奖"。

1993年，郝克明同志被美国胡德文理学院授予人文科学名誉博士学位。1996年，她在美国宾夕法尼亚大学教育学院讲学期间，该校以她的名字设立了奖学金。2004年10月，美国哥伦比亚大学教育学院授予郝克明同志"教育与人类发展杰出贡献奖"。郝克明同志是获得该奖项的第一位亚洲专家。

郝克明同志参加了我国改革开放以来多项重大教育决策的研究工作,参与调研、起草《中共中央关于教育体制改革的决定》《中国教育改革和发展纲要》《国务院关于〈中国教育改革和发展纲要〉的实施意见》《面向21世纪教育振兴行动计划》《国家中长期教育改革和发展规划纲要(2010—2020年)》《中国教育现代化2035》等国家重大教育战略规划文件。她提出的教育发展战略建议及政策咨询意见受到党和国家领导人及教育部领导的肯定和重视,为国家重大教育决策提供了有力支撑。

郝克明同志开创了中国教育发展战略研究的先河,创建国家教育发展研究中心并担任中心专家咨询委员会主任,创立中国教育发展战略学会并担任第一、二届会长,为我国教育事业发展和教育发展战略研究作出了突出贡献。她的教育思想和研究成果是我国教育研究领域的宝贵财富!郝克明同志也是教育研究领域国际交流的积极倡导者,在她的策划和指导下,中国教育界与联合国教科文组织等国际组织合作举办了一系列开创性的国际教育会议。她为推动中国的教育研究走向世界作出了重要贡献。

郝克明同志的光辉业绩永垂不朽!

前　言

2023年1月13日，郝克明先生与世长辞，告别了她的家人、同事、朋友和学生，享年90岁。郝克明先生把一生贡献给了中国教育事业。她先后领导重建了北京大学的教育学科，创建了国家教育发展研究中心和中国教育发展战略学会。教育部离退休干部局1月14日发布讣告，郝克明先生遗体告别仪式1月15日在北京大学人民医院举行，教育部副部长王嘉毅、中央纪委国家监委驻中宣部纪检监察组组长宋德民、北京大学党委书记郝平、教育部有关部门负责同志，以及原国家教育发展研究中心、中国教育发展战略学会、北京大学教育学院的同事和各界朋友，共数百人参加了告别仪式。中国教育发展战略学会副会长韩民致悼词。

郝克明先生逝世后，北京大学教育学院通过微信平台推送追思文章和留言，北京大学教育学院、原国家教育发展研究中心、中国教育发展战略学会等单位学界同人纷纷发来悼念文章。4月18日下午，原国家教育发展研究中心、中国教育发展战略学会、北京大学教育学院的部分同志，在中国教育发展战略学会秘书处举行追思会，深切缅怀郝克明先生。

参加追思会的同志有：闵维方、韩进、邵金荣、杨念鲁、康宁、张双鼓、文东茅、阎凤桥、丁小浩、周满生、严晓梅、张力、韩民、叶之红、杨银付、高书国、管西亮、王晓平、杨秀文、王建、玉丽、张丽娟、李铮、马丽、王雪沛。因在外地或因事不能参会、嘱代致哀思的同志有：谈松华、王一兵、姜沛民、季明明、马陆亭、周燕、王燕、汪明、张文、肖丽萍、李韧竹、曾天山、王蕊、王晓燕、王欣、孙蕾。

我们把相关的悼念文章和郝克明先生生平部分照片汇编成集，并选取了郝克明先生的几篇讲话致辞以及有关同志在2013年9月郝克明教育科研成果研讨会上的发言,编成《郝克明先生纪念文集》,以寄托我们的深切哀思和缅怀之情。

郝克明先生永远活在我们心中!

目 录

上 篇

第一部分 悼念文章和发言辑录

教育发展战略研究的开拓者
　　——怀念郝克明同志 ………………………… 顾明远(5)
胸怀国家教育发展大局　推动宏观教育战略研究
　　——追思郝克明先生 ………………………… 闵维方(8)
永远的榜样
　　——深切缅怀郝克明先生 …………………… 谈松华(11)
在深切缅怀郝克明先生追思会上的发言 ………… 韩　进(20)
沉痛悼念和深切缅怀恩师郝克明教授 …………… 张　力(22)
深切怀念我的老领导、恩师和挚友郝克明先生 … 周满生(26)
难忘的记忆　永久的怀念 ………………………… 韩　民(31)
永远的怀念
　　——老郝永远是我教育职业生涯的精神导师 … 康　宁(36)
在深切缅怀郝克明先生追思会上的发言 ………… 杨银付(39)
在深切缅怀郝克明先生追思会上的发言 ………… 杨念鲁(41)
引领学习型大国建设的重要理论硕果
　　——深切缅怀当代杰出教育家郝克明先生 … 季明明(43)

终身矢志报国、夙夜踔厉研教、毕生垂范师表
　　——追忆教育发展战略学家郝克明老师 …………… 叶之红（62）
永远的怀念：缅怀老领导郝克明主任 ………………… 马陆亭（67）
斯人已去，音容宛在，风范犹存
　　——深切缅怀郝克明老师 …………………………… 张双鼓（70）
深切怀念我在教育征途上的"贵人"郝克明先生 ……… 桑新民（75）
怀念郝克明先生：永不忘却的记忆二三事 …………… 曾天山（78）
郝克明先生的忧与乐 …………………………………… 文东茅（82）
怀念老郝 ………………………………………………… 丁小浩（86）
不辜负郝克明先生的期待 ……………………………… 王　蓉（89）
在深切缅怀郝克明先生追思会上的发言 ……………… 高书国（92）
铭记郝先生的教诲 ……………………………………… 王　建（93）
与郝克明老师交往中的几件事 ………………………… 阎凤桥（96）
缅怀郝克明女士 ………………………………… 杰奎琳·特松（100）

第二部分　各单位其他同志追思录

北京大学教育学院师生追思录 ……………………………………（105）
原国家教育发展研究中心工作人员追思录 ………………………（108）

下　篇

第三部分　郝克明先生讲话致辞

在2013年郝克明教育科研成果研讨会上的讲话 …………………（117）
在中国教育发展战略学会教育财政专业委员成立大会上的讲话
………………………………………………………………………（120）

致北京大学教育学院的贺信…………………………………………(123)

第四部分　郝克明先生教育科研成果辑录

第五部分　研讨会发言和其他专论辑录

胸怀教育发展大局,引领教育战略研究
　　——郝克明教育思想与实践述略………… 闵维方　文东茅(135)
锲而不舍　与时俱进
　　——郝克明教授宏观教育研究的学术精神与学术风格
　　…………………………………………………………… 谈松华(142)
求真务实、不懈耕耘的领路人 ……………………………… 张　力(148)
郝克明研究员在国际教育交流领域的重要贡献 ………… 周满生(164)
郝克明:恪守初心铭记使命　推进教育战略研究 ………… 叶之红(173)

上篇

第一部分

悼念文章和发言辑录

教育发展战略研究的开拓者
——怀念郝克明同志

顾明远

大约是 1979 年秋天,北京师范大学外国教育研究所来了两位客人。他们是北京大学筹建中的高等教育研究室的领导郝克明和汪永铨。他们说,他们不是教育学科班出身,怎样研究高等教育,办好高教研究室,想与我们交流一下。其实,北师大外国教育研究所当时也成立不久,虽然研究所成立之前的外国教育研究室从 20 世纪 60 年代就开始接触外国高等教育,但对高等教育的研究也没有什么经验。我们大家就聊起来,从此,北师大外教所(现在的国际与比较教育研究院)与北大的高教室(现在的教育学院)有了密切的联系。

20 世纪 80 年代初,郝克明调到教育部政策研究室工作。1985 年国家教育委员会成立,郝克明任专职委员。1986 年在郝克明的提议和努力筹备下成立了国家教育发展研究中心(以下简称"中心"),郝克明任主任。这是一个研究国家教育发展大政方针的带有智库性质的研究机构。中心聘任了教育专家、地方教育部门的老领导作为研究员,有潘懋元、汪永铨、鲁洁、王逢贤、吕型伟、邵宗杰等,我和周蕖也名列其中。后来中心成立专家咨询委员会,又邀请我担任咨询委员会副主任。中心每年召开一二次会议,讨论国家教育发展的重大问题,如教育经费投入不能少于国民生产总值的 4%、义务教育要免费才能普及、高等教育的质量保障和高等教育大众化以后结构调整等问题。我在中心的研讨会上学习到许多东西,增进了对教育改革和发展的认识。

郝克明对教育的发展具有高瞻远瞩、前瞻性的眼光,她提出教育研究要研究带有全局性、长远性、未来性的教育发展战略问题。研究教育发展战略问题,对我国教育研究具有重大意义。长期以来,我国教育科学的研究局限于学校中教育与教学的微观层面问题,很少关心和研究教育与国家经济社会发展关系的宏观问题、国家教育政策的制定问题。改革开放以后,邓小平同志提出教育要为国家社会主义建设服务,"教育要面向现代化、面向世界、面向未来"。教育科学只研究教与学是远远不够的,要从宏观上研究我国教育的发展、科学制定教育政策。郝克明敏锐地抓住教育在经济社会发展中的地位和作用,提出教育发展战略研究,为国家制定教育方针政策提供咨询,具有重要的意义。2005年郝克明又创建了中国教育发展战略学会并担任了第一届会长。郝克明不愧是教育战略研究的开拓者、创始人。

郝克明参加了1993年《中国教育改革和发展纲要》(以下简称《纲要》)制定工作。为此她做了大量的研究,召开多次座谈会。《纲要》结合对国际国内形势的分析,面向21世纪,提出了要建设终身教育体系、实现教育现代化的目标。这些都为新世纪教育改革指明了方向。

郝克明立足中国,放眼世界。中心成立不久,她就邀请美国卡内基教学促进基金会主席欧内斯特·波伊尔来华讲学;组织编写了一套"发达国家教育改革的动向和趋势"丛书;1989年12月又成功承办了联合国教科文组织在北京举行的"21世纪教育国际研讨会"。

郝克明胸怀大局、情系教育,晚年热衷于终身教育和学习型社会的发展,发文章、做报告,呼吁建立开放大学,为全民学习创造良好的环境和条件。郝克明把一生献给了教育事业,为我国教育改革和发展作出了杰出贡献。

我与郝克明同志交往了四十多年,建立了深厚的友谊。我佩服她意志坚强、不媚上、不唯上、坚持真理、不讲空话的严谨治学的工作态度;对同志、对朋友热情友好,对年青人爱护帮助的待人作风;在教育发展和政策研究中心培养了一批干部。今天我们失去了一位卓越的教育家、一位好朋友,深感悲痛。让我们学习她的教育思想,继承她的遗志,为实现中国教育现代化而努力。

2023 年 1 月 17 日

顾明远:当代著名教育学家,新中国比较教育学科创始人之一,中国教育学会名誉会长,北京师范大学资深教授、博士生导师。

第一部分 悼念文章和发言辑录

胸怀国家教育发展大局
推动宏观教育战略研究
——追思郝克明先生

闵维方

今天，我们怀着万分沉痛又无限崇敬的心情缅怀和追思敬爱的郝克明先生。郝克明先生是我们尊敬的老前辈，是北京大学教育学科的重建者之一，也是我国国家教育发展研究中心的创始人、新中国宏观教育政策研究的先驱、中国教育发展战略学会的创建者。她始终胸怀我国的教育发展大局，引领了国家宏观教育政策和教育发展战略研究，为我国教育事业作出了不可磨灭的重大贡献。

几十年来，郝克明先生以对教育事业的强烈责任感、博大精深的系统研究和卓越的组织管理才能，开创并引领了我国教育发展战略研究，取得了丰硕的研究成果，对我国诸多重大教育决策产生了深远影响。她著述丰厚、贡献巨大、影响广泛。郝克明先生教育思想的突出特点是其战略性、宏观性、全局性和前瞻性的大教育理念。她注重"睁眼看世界"，促进中外文化教育交流借鉴，以广阔的世界眼光和深刻的国际视野关注中国教育在世界教育发展大格局中的位置等一系列根本性、具有长远意义的重大问题，大力倡导运用现代科学技术最新成果促进教育改革和发展，通过开放式教育和创新型教育扩大人民接受优质教育的机会，提高全民族的综合素质和文化科学水平。郝克明先生的教育思想博大精深，教育贡献巨大深远，突出体现在以下四方面。

一、郝克明先生胸怀大局,以教育改革和发展中全局性、根本性、长远性的重大问题为研究对象,为优化我国教育结构、建设教育强国和学习型社会而上下求索,服务于国家的宏观教育决策和长远发展战略的制定。

二、郝克明先生高瞻远瞩,为中国教育面向世界、提高国际化和现代化水平而不懈努力。作为一位教育战略思想家,郝克明先生不仅高度重视以马克思主义、邓小平理论、"三个代表"重要思想、科学发展观和新时代中国特色社会主义理论为指导,而且根据教育研究的跨学科性质,注重充分吸收哲学、经济学、政治学、社会学、管理学、未来学等相关学科的理论成果,注重深入研究教育本质、教育功能、教育方针、教育决策等重大战略问题,而且特别注重从系统科学的角度分析教育。她指出,作为一个系统,教育本身由各级各类教育的子系统构成;同时,教育系统又是整个社会的一个子系统,与政治、经济、文化、科技等其他社会子系统相互制约、相互影响,她强调要"打破就教育论教育","跳出教育看教育"。她密切关注中国教育在世界教育发展大格局中的地位,注重提高我国在教育领域的国际话语权。

三、脚踏实地,以严谨扎实的研究成果为我国教育政策和教育战略的制定提供坚实依据。郝克明先生指出教育发展战略研究不是为了研究而研究,而是要服务于国家重大教育政策和发展战略的制定,研究质量和水平的高度直接影响到决策的科学性,因而她特别强调要面向教育实践,强调研究方法科学、过程严谨、结论可靠。

四、创建机构、培养队伍,为教育发展战略与政策研究持续健康发展奠定组织基础。中国拥有世界上最大规模的教育人口,中国教育发展也面临着极为复杂、急剧变化的内外环境和严峻挑战。为使中国教育发展战略和宏观政策研究长期可持续健康发展,郝克明先生以战略家的眼光,积极倡导建立相关机构,培养高水平的研究队伍。正是在她的大力推动下,我国于1986年成立了国家教育发展研究中心。2005年10月,郝克明先生又亲自领导创立了中国教育发展战略学会,明确其任务和宗旨是推动我国教育发展战略和重大问题的研究,为我国教育宏观发展和教育重大决策科学化服务。这顺应了中国教育改革与发展的需要和世界教育发展的主流趋势,是我国教育宏观政策和发展战略研究进入新阶段的重要标志,也促进了我国教育发展战略研究队伍的形成、发展和壮大。

总之,郝克明先生在宏观教育研究领域为我们树立了一块不朽的丰碑,为我国宏观教育政策和发展战略研究事业奠定了坚实的基础。郝克明先生多次告诉我们,她所做的工作只是一个开始。教育发展战略和宏观政策研究前景广阔,任重道远,她殷切希望有更多的学界同仁加入这一领域,共同推进和发展这一伟大事业。这不仅是郝克明先生最想看到的,也是我们今天缅怀和追思郝克明先生的目的所在。

郝克明先生永远活在我们心中!

2023 年 4 月 18 日

闵维方:北京大学原党委书记,中国教育发展战略学会第二任会长,北京大学教育学院名誉院长,北大博雅讲席教授。

永远的榜样
——深切缅怀郝克明先生

谈松华

肆虐全球的新冠病毒夺走了郝克明先生宝贵的生命,一位备受崇敬的长者、学者、师者从此永远地离开了我们。中国教育界失去了一位通晓改革开放以来教育改革全部历史的亲历者和推动者。我作为与她共事三十多年的老同事、老朋友,为失去一位良师益友而万分悲痛。特别是,在她与病魔艰苦抗争的日子里,我也在千里之外的苏州病房中,未能探望她、送别她,这成了我终生的遗憾。这些日子里,与她一起的经历不断在我眼前涌现,一件件、一桩桩,串成了绵长的思念:那就是榜样的力量。

一、宏观教育研究的奠基者和开拓者

郝克明先生以她执着追求的精神、突破难题的洞见和卓越的组织能力,成为我们的好领导和事业领军者,她在宏观教育研究上不仅贡献了丰硕的研究成果,而且做成了三件具有奠基意义的大事。

一是组建国家教育发展研究中心。早在 20 世纪 80 年代初,她调至国家教委政策研究室担任领导工作,在实际工作中深切体会到,制定政策不仅是起草文件的过程,还需要有战略研究和政策研究的理论与实践基础。1986 年,在她的建议下,成立了教育发展研究中心。1988 年,国家教委上报国务院批准,教育发展研究中心确定名称为国家教育发展研究中心(国家教委教育发展研究中心),承担国家教育政策研究职能,归国家教委领导。国家教育发展研究中心(以下简称"发展中心")成立以后,承担了"应用型人才培养途径多样化""面向21世纪中国教育发展战略""中国教育结构体系"等十余项国家重大课题研究,获国家哲学社会科学成果一等奖一项,教育科学成果一等奖两项。

二是在教育科学规划学科组中设立教育战略学科。1991年,在时任全国教育科学规划领导小组副组长郝克明先生建议下,成立了教育战略学科组。当时人们对这一决定并不十分理解,有的人认为战略学科是管理学科的分支,应该放在管理学科之中。今天看来,这一决策非常具有前瞻性,奠定了教育战略学科的学术地位,产生了重大影响。这些年来,教育战略方面立项了一批又一批重大和重点研究课题,对推动中国宏观教育研究及其学科建设、人才队伍建设发挥了重要作用。

三是组建中国教育发展战略学会。为推动民间教育发展战略研究,郝克明先生曾经在中国高等教育学会中成立了中国教育发展战略研究会。但她认为,当时已经成立的五个一级教育学术团体都是以某一类教育为对象的,缺少综合性的宏观教育学术团体,不利于宏观教育决策研究。经报教育部领导同意,以她和我两个人的名义,给时任国务委员陈至立同志提交了申请报告,经批示,后获民政部批准,正式成立了中国教育发展战略学会。郝克明先生亲自担任了学会第一、二届会长。至此,形成了国家教育发展研究中心作为政府智库、中国教育发展战略学会作为民间学术团体,二者相辅相承、相互促进的研究格局。

我与郝克明先生相识于1988年,当时我在上海市委工作,被派来参加国务院教育工作研讨小组(以下简称"研讨小组")的座谈会。从那时起,我留在北京,参加了"研讨小组"的工作,继而调入国家教育发展研究中心。在发展中心、教育战略学科组和教育战略学会的工作中,我一直都是她的副手,和她一起搞研究、参与国家教育重大文件的起草、推动学术研究开展,深切体会到郝克明先生不仅是国家教育发展研究中心和中国教育发展战略学会的创始人,而且是新中国宏观教育政策研究的奠基者、引领者和推动者。她积极促进和搭建的这三个平台,以及通过这些平台形成的学科建设和人才队伍建设成果,在中国教育改革和发展中发挥了重要作用。

二、理论与实践紧密结合的践行者

宏观教育决策研究既需要以教育基本理论为指导,充分吸收教育经济学、教育社会学、教育政策学、教育未来学等交叉学科的新成果,又需要把握教育改革发展实践中面临的全局性、关键性和前瞻性的现实问题,从理论和实践的结合上,做出科学分析,提出可行的决策建议。克明同志在组织领导教育重大问题研究时,注意吸收高校和研究机构多个学科的专家及地方具有理论素养和丰富实践经验的领导参加,特别是她多次亲自带领团队深入基层一线,进行系统的调查研究,把研究工作深深植根于教育改革发展实践的沃土上。

郝克明同志经常讲起的是"应用型高层次人才培养途径多样化"课题研究时的调查。她精心组织了发展中心内外的强大力量,深入第二汽车制造厂、北京和湖北等地区的农村、最高人民法院等不同行业的单位,对机械、农科、法律、金融、临床医学等10个专业领域的高层次专业技术岗位知识和能力要求做了系统的调查,提出了应用学科高层次人才培养的六种途径,直接推动了我国研究生教育改革,建立了专业学位制度。

我亲自参加她组织的调查研究有两次。一次是1990年,在"面向二十一世纪中国教育发展战略"课题研究的过程中,她亲自带队赴苏、锡、常和宁波、温州等地进行实地调查,采取与政府部门、学校师生座谈、讨论等多种形式,对农村经济改革和乡村工业化的"苏南模式""温州模式"与不同区域的教育改革发展特征进行比较研究,从整体上探讨经济社会发展与教育发展之间的关系。苏南在改革开放后主要发展的是集体企业,政府财政在教育发展中起了主导作用,苏南教育现代化也主要是由政府推动的区域教育现代化的模式。而温州在"文革"十年中人口倍增、人均耕地只有四分,加之当地素有家庭手工作坊的传统和永嘉重商文化的影响,改革开放后形成了民营经济为主的"温州模式",与之相应的民办教育得到迅速发展。这次调查,我有一个突出的收获是,教育改革的目标和基本政策是具有普遍性的,但不同区域由于区位、经济、文化、历史和现实的差别,会呈现多样化的特征。调查所得,使我们在教育决策研究中注意避免一刀切、一种模式统到底的作法,积极鼓励地方改革创新,探索多样化的改革路径和模式。

另一次是1997年,郝克明先生带队赴山东烟台进行调研,为国家教委拟在那里召开的"全国中小学素质教育经验交流会"做准备。这次调研不仅走访考察了烟台市区的中小学校,还到牟平、蓬莱、长岛等县,对不同办学水平和特色的学校进行了入校调研。进入课堂听课,观摩分组教学、学生多样的实践和课外活动,分别召开了教育部门、学校领导和部分教师的座谈会,观看了多种形式的学生作业和教学成果展示,与部分学生进行了直接的对话讨论,使我们对素质教育的内涵、形式以及学校教育改革引发的变化有了真实而具体的把握,为国家教委开好"全国中小学素质教育经验交流会"、确立素质教育在教育改革创新中的地位提供了实证案例。调查后,我们提出素质教育并非仅仅出于克服应试教育弊端的需要,而是为了全面贯彻党的教育方针,把实施素质教育和贯彻党的教育方针统一起来;提出实施素质教育以培养学生的社会责任感、创新精神和实践能力为重点,反映了时代的要求;强调素质教育突出教育教学和人才培养中的学生主体地位,让学生获得积极主动、全面而有个性的发展。这为破解当时教育界在素质教育认识和理解上的某些分歧和疑惑找到了依据,也为1999年起草中共中央、国务院关于深化教育改革、全面推进素质教育的决定和召开第三次全国教育工作会议做了前期准备。

三、宏观教育研究国际学术交流和合作的先行者

教育宏观决策研究的国际交流与合作直接影响教育战略和政策的制定,在教育对外开放中具有重要意义。其中,郝克明先生亲自主持和推动的国家教育发展研究中心与美国卡内基教学促进基金会(以下简称卡内基基金会)的教育交流合作关系,通过多年的交流互访,把宏观教育决策研究的国际交流与合作推向了新的更高水平。

1988年,我随郝克明先生出访美国。在美国国会图书馆,国家教育发展研究中心与卡内基基金会正式签订了合作协议,揭开了双方合作的序幕。我们先后考察了哈佛大学、麻省理工学院、斯坦福大学、伯克利加州大学、哥伦比亚大学、马萨诸塞州的一个社区学院、纽约的亨特社区学院,比较全面地了解了美国高等教育体系以及不同层次和类别学校的办学模式和特色。特别是此次访问正值中共中央、国务院《中国教育改革和发展纲要》起草过程之中,代表团受时任国务院分管领导的委托,征求在美华裔学者对中国教育改革发展的意见。在克明同志带领下,访问团先后在华盛顿、旧金山和普林斯顿大学等地召开了部分华裔学者座谈会,丘成桐、田长霖等著名学者都参加了座谈。华裔学者普遍表示了对中国教育的关注,直陈己见。他们介绍了华裔学者发起并在哈佛大学召开的"21世纪中国教育研讨会"的情况,对当时出现的中小学教师流失、优秀人才不愿从教的现象普遍表示了担忧,建议提高教师的地位和待遇,吸引优秀人才从教。他们对于国内出现的学校通过创收弥补教育经费不足的现象提出异议,建议提高教育经费在财政支出中的比例,确保人才培养的需求。他们在发言中特别关注国家要从21世纪国际竞争的高度确立教育的战略地位。每场座谈会结束后,代表团都会立即整理纪要,直接向中央领导报告,这些华裔学者的意见和建议对国家教育宏观决策产生了重要的影响。

1990年，我随郝克明先生访问德国。这次访问是应德国经济合作部的邀请，考察的主题是德国的教育体系，但考察安排却不限于教育机构，还参观访问西门子公司等企业、巴伐利亚州的家庭农场等。我们通过实地走访和多方面的交流，从历史和现实、教育与经济社会的视角，了解了德国教育体系的独特性。德国教育制度是欧洲大陆型国家教育制度的肇始者和代表，在学校设置、学制等方面都不同于美国。深入德国访问，我们厘清了德国基础教育、高等教育、职业教育不同类型学校、不同学制的关系以及相互沟通的机制，绘出了体系图。德国教育与经济社会发展有着非常密切的联系。双元制的职业教育由联邦政府科教部、全国雇主协会和国家职业教育研究所共同建立的机构负责规划和推动，学校和企业密切合作，保证了人才培养适应企业发展要求。工科大学的教授需要具有四年以上在企业工作的经历，农场主没有取得大学农业相关专业毕业文凭不能自己经营农场。这些都为促进产学研结合奠定了重要的人才基础和制度基础。这次考察报告以鲜明的观点和丰富详实的资料得到了时任教育部长的批示。德方也反馈，该报告对德国教育体系的描述清晰细致，很有价值。

第二次随郝克明先生赴美访问是在1993年。这次调研的主题是美国高等教育多样化和地方化。美国有研究型大学Ⅰ、研究型大学Ⅱ、综合性本科大学、文理学院、艺术类大学、社区学院等不同类型的学校，各级各类学校都有明确的定位和课程系列，各安其位，各有特色，没有升格的冲动。我们在波士顿访问社区学院的时候，问过院长："波士顿名校林立，你们作为社区学院有没有感到压力，想没有想过升格？"他的回答是，社会需要不同层次和类别的人才，我们培养不出哈佛培养的人才，但哈佛也培养不出我们培养的人才。哈佛毕业生如果要从事社区学院毕业生的工作，还是要到我们这样的学院学习、拿到证书后才能就业。我们过去一直认为美国没有职业教育系统，这次访问中，卡内基基金会介绍了当时美国有10600所学制在两年以内的、由各类行业协会举办的职业培训学校或机构，培养厨师、美容师等，学生毕业后多数在行业内就业（这类学校不纳入国民教育体系）。还有一些高中学校通过为学生提供不同类型组合的选修课程，办成工业高中、科技高中、艺术高中等不同特色的学校，虽然不叫职业高中，但带有职业学校的属性。我们从中体会到，美国虽然没有教育分流制度，但通过学校的类型和层次，为学生的成长提供了多样化的选择，同时也较好地满足社会对人才多样化的需求。美国的教育管理以州为主，具有鲜明的地方化特色。尽管美国联邦也建立了教育部，但仍然实行地方为主的体制。州政府主要通过拨款、指导性规划、发布人才需求信息、鼓励校企合作等，推动高等学校与地方经济社会协调发展。克明同志特别带领我们对佐治亚理工学院的校企合作做了比较深入的调研。该校教师的一些科研课题来自企业甚至车间中的实际问题。企业提供经费，大学进行研究。企业在大学设立办事处，了解学校的科研成果，通过孵化，转化为企业的应用。企业与大学之间的科研和生产的合作是有组织和制度保证的。我们到该校合作的佐治亚电力公司参观访问，发现学完基础课的二年级学生有半个学期左右的时间到企业进行生产实习。在实习中通过双向选择，企业确定了一批学生毕业后到企业工作。这些学生后两年的学费由企业支付，专业课学习会按企业的要求来选课，使学生的学习更适合企业发展的要求。这些访问成果，使我们深入思考在中国取消绝大部分行业办学的情况下，如何积极发挥行业作用，增强大学人才培养和科技服务对经济社会发展的支撑和促进作用。

当年访问的情况在当前会有许多变化，在科学技术高度发展特别是人工智能等新型技术带动下，产业正在发生着深刻的变革，即使当年美国强大的教育体系，今天也同样面临着严峻挑战。宏观教育研究面临着新的重大课题，只有不断地加强国际合作，才能推进教育乃至人类的可持续发展。

四、亦师亦友、平实亲切的领导者

郝克明先生曾经担任过国家教育委员会专职委员、副秘书长，政策研究室主任,国家教育发展研究中心主任等职,但她常常习惯以学者而不是官员的身份出现。与她共事的人,无论年长年少、职位高低,大都直呼"老郝"或"郝老师",这些都与她平实亲切的做人待人风格有关。

作为领导,郝克明先生关心下属,在同事遇到困难的时候,她总是竭尽全力给予帮助。发展研究中心副主任蔡克勇同志罹患肾病综合征,一度非常严重。克明同志不辞辛苦请求开轩主任的帮助,找到北大医院最著名的肾病专家,使老蔡摆脱了险境。同样,发展中心的张力同志曾过敏严重,住进当时的邮电医院,治疗效果不好。克明同志帮助他入住中日友好医院治疗。教育部和发展中心的不少同志,特别是一些女干部,喜欢有时间就找她聊聊,向她请教,她也总是有求必应。

克明同志对我的关心和帮助更是没齿难忘。我调到北京工作后,她在工作和生活上给了我极大的关心和帮助。20世纪90年代初,教委给我分了房子,同事们帮助我放置了简单的家具(一个饭桌、一张木板床和两把椅子)。克明同志亲自来家里看我,当她身处我的"陋室"时,语重心长地希望我能够好好安个家,当即建议我买一个她自家刚买过的折叠沙发,既能休闲又能当床。1990年,我母亲在苏州太仓中风,正值我们一起在苏锡常调研,她不顾旅途劳顿,亲自到家里看望我妈妈。后来,她一直说,她完成了我母亲对她的托付。有一年,她告诉我,一天早晨,她从床上摔倒在地,电话就在咫尺之外,怎么也拿不到。她讲这件事,就是以自己的亲身经历告诉我一定要注意身体。克明同志于我不仅是领导,也是亲人、是大姐!

人生总有起伏,克明同志同样如此。在她处于困难境遇时,我们一起到上海音乐学院考察,我陪同她到琴房里弹奏肖邦的钢琴练习曲。虽然她弹得并不那么娴熟,但我为她内心的坚强和对生活的热爱深深地感动。

这几年,克明同志因病,行动有些不便,我们的交流少了许多。但我每年都去看她,与她一起聊聊。2020年,她谈到我的新书《历史的跨越——宏观教育政策视角下的中国教育》,肯定我在自序中对宏观教育的四点认识,认为具有理论创新的意义,让我好好宣传,继续推动中国宏观教育理论向纵深发展。2021年中秋前,我和内人去看望她,聊了很长时间,她有许多话要说,还留我们共进了晚餐。那种友情亲情时时萦绕在我们的心头。当时感觉克明同志精神很好,思路清晰。没想到,这竟成了我们的永别!我因为身体原因,近年来也有些力不从心,没有把克明同志的嘱托落实好,内心很难平静。

斯人已逝,风骨犹存。郝克明先生永远是我们的榜样,学习和崇敬的榜样、改革和创新的榜样、为人和处事的榜样。榜样的影响永存!

2023年2月

谈松华:国家教育咨询委员会委员,原国家教育发展研究中心副主任(正司级)、研究员,中国教育学会原常务副会长,中国教育发展战略学会原常务副会长。

在深切缅怀郝克明先生追思会上的发言

韩 进

今天,我们在这里深切缅怀尊敬的郝克明先生。在座的各位同志应该说都跟郝克明先生关系亲密,有亲身接触。而我直接跟郝先生接触的机会有限,实事求是地说并不多。作为一个教育领域的实际工作者,我确确实实感觉到了教育战略研究对于教育事业发展的作用。由于没有相关的经历,我无法从刚才前面发言的几位的角度去回忆郝先生的工作跟生活的细节,但是我愿意从另外一个角度表达一下我对郝先生的追思。

大家应该同意这样一个基本判断,就是中国改革开放以来,教育战略研究的水平不断提高,虽然还有很大的进一步提高的空间,但是毫无疑问这一段时间中国教育战略研究、教育政策研究水平是在不断提高的。闵维方教授是我的老师,当年给我们上课的时候就讲到,教育学学科发展跟其他学科比较起来,中国可能还是落后。但是对于教育战略发展的研究,我觉得这些年来的实际进展,我们心里有数,应该给予充分肯定。这里面当然包括在座的各位,是大家共同努力的结果。

我认为在教育战略研究、教育政策研究方面,郝先生所做的工作是突出的、有引领性的,教育战略对于教育发展,在一定程度上起到了决定性作用。咱们在座的同志应该都知道,在改革开放初期,中共中央在1985年做出的关于教育体制改革的决定,这与郝先生从事教育战略研究的轨迹大体重合。郝先生在需要增加财政性教育经费投入即占国民生产总值4%的决策中起到了重要作用。我觉得不管是做教育研究,还是在教育领域的实际工作者,对此都应该铭记在心。

到中国教育发展战略学会工作后,我学习了一些郝先生的文章。在我看来,郝先生研究教育战略问题、教育政策问题,为教育发展作贡献、作努力,有三条令我印象深刻。第一,就教育谈教育是永远不可能走出来的,就中国的教育谈中国的教育也是永远不可能走出来的。所以我觉得这是我们做教育战略研究的同志们需要认真学习的。第二,就是她的科学精神。在决策过程中需要用科学的态度掌握、了解、研究,使用科学的理念、判断方法,在这方面郝先生身先士卒。第三,坚持实事求是。教育的研究,尤其是教育战略的研究,是需要勇气的。所以,我觉得这三条都是我们需要认真学习的。

我们聚在这里缅怀郝克明先生,一方面是表达我们对于郝先生的敬仰之情和感谢之情,更多的是能够激励我们在未来中国教育发展过程中,在战略问题、政策问题研究上,在面向实际、面向宏观的研究上,更加努力工作,以实际行动,缅怀和感谢郝克明先生。

韩进:武汉大学原党委书记,中国教育发展战略学会会长。

沉痛悼念和深切缅怀恩师郝克明教授

张 力

2023年1月，尊敬的郝克明老因病辞世。骤然与恩师天人永隔，犹如晴天霹雳。郝老的音容笑貌，时常浮现在我的眼前，她老人家对我的栽培教诲之恩，将永远铭刻在心。郝老是我人生的引路人、事业的导师，我是郝老的晚辈后学，依国学传统而论，更是徒弟。凡家属对失去亲人的悲情，徒弟对恩师离世的哀伤，皆痛彻心腑，言语难以形容。

我第一次拜见郝老，还是在三十八年前。1985年，改革开放初期，邓小平同志统筹部署经济、科技、教育体制改革，探索中国特色社会主义发展道路。党中央5月召开改革开放以来第一次全国教育工作会议，发布《中共中央关于教育体制改革的决定》，开启了教育改革大幕。当时，我在任北京大学团委副书记的同时，行政与业务"双肩挑"，在汪永铨老所长执掌的高等教育研究所任教开课，尝试做些教育管理学的研究，陆续发些论文，曾承担厉以宁教授1984年主编的《教育经济学研究》部分章节的撰写工作，等等。

当年6月的一天，汪老通知我到北京昌平的中央教育行政学院，参加解读中央教育体制改革决定的专题讲座，主讲人是郝老，后来得知郝老深度参与中央这一文件的调研起草工作。郝老讲的内容多已淡忘，但大大拓宽了我的视野，启发我关注学术研究之外的研究——政策研究。讲座结束后，汪老引我拜见郝老。郝老问了我一些高等教育研究方面的问题以及我面临转岗的选择考虑，最后微笑着说，如果你愿意，可以来教育部政策研究室搞研究。遵从郝老的召唤，7月，我到教育部政策研究室报到，任高教处副处长，成为郝老领衔的教育政策研究领域的新兵。翌年，我成为郝老推动创立的国家教育发展研究中心的一员。

郝老自20世纪80年代初从北京大学调入教育部以来，曾任教育部政策研究室主任、国家教委专职委员、国家教育发展研究中心主任、全国教育科学规划领导小组副组长。她从一线退下来后，担任中心专家咨询委员会主任，亲自创建中国教育发展战略学会并任会长，还曾担任中国教育国际交流协会第一副会长、北京大学兼职教授和博士生导师等。

郝老是新中国宏观教育战略研究的先驱。郝老参与了改革开放以来我国教育改革发展的历次重大决策研究，为党和国家制定教育决策和战略规划提出了一系列重要的建议和意见，在教育改革与教育发展战略研究领域作出了开拓性贡献，在全国教育科学研究界享有崇高声望。

郝老是1985年《中共中央关于教育体制改革的决定》调研起草的主要参与者之一，是1993年党中央、国务院《中国教育改革和发展纲要》及其实施意见调研起草的主要负责人之一，为同年十四届三中全会文件提供了专题调研报告，在《国家中长期教育改革和发展规划纲要（2010—2020年）》调研起草时任继续教育专题组长。国家教育咨询委员会成立，她被聘为第一、二届委员并任终身教育体制机制建设组组长。

新中国的宏观教育研究，在改革开放大潮中发轫并不断发展，郝老是这一领域当之无愧的开拓者和领跑者，主持的重大课题纵贯五个五年规划，成为唯一连续五次承担国家社会科学规划重大课题并获得最高奖项的团队带头人：

1983年主持国家"六五"重大课题"中国高等教育结构研究"，成果获1990年全国首届教育科学研究优秀成果奖一等奖和十一届三中全会十周年全国哲学社会科学研究优秀成果奖；

1987年主持国家"七五"重大课题"应用学科高层次专门人才培养途径多样化研究"，成果获1990年全国首届教育科学研究优秀成果奖一等奖；

1992年主持国家"八五"重大课题"21世纪初中国教育发展战略研

究",成果获1999年第二届全国教育科学研究优秀成果奖一等奖、首届国家哲学社会科学基金项目优秀成果奖一等奖;在此基础上主持编成《中国教育地图集》,成果获1998年教育部科学技术进步成果奖一等奖;

1998年主持国家"九五"重大课题"当代中国教育结构体系研究",成果获2006年第三届全国教育科学研究优秀成果奖一等奖;

2003年主持国家"十五"重大课题"跨进学习社会——关于建设终身学习体系和学习型社会的研究",成果获2010年第四届全国教育科学研究优秀成果奖一等奖;

2012年荣获教育部颁授的"全国教育科学研究突出贡献奖"。

郝老始终高度重视国家层面教育决策咨询的重要使命,紧扣时代脉搏,回应人民关切,统筹各方力量集体攻关,开辟了全新的研究领域,奠定了坚实的理论基础,谱写了重要的实践篇章。在主导宏观教育研究的过程中,她明确主张教育结构与经济社会发展的结构相适应,教育发展战略与经济社会发展战略相协调,把体制改革、制度创新作为教育发展的根本动力。特别是党的十八大以来,遵照习近平总书记系列重要论述、党和国家关于构建终身学习的学习型社会的总体要求,郝老高度重视开放大学建设,将其视为促进教育公平、提高全民素质的重要途径,积极推动国家开放大学和五所地方开放大学试点,取得显著进展。郝老还重视与国际组织等开展教育政策研究合作,分析借鉴国外有益经验,不断提升我国教育发展战略研究水平。

郝老始终满怀对人民负责的使命感与责任感,始终坚持实事求是的工作作风,始终坚持刻苦钻研的治学态度,形成了鲜明的理论特色,积累了丰厚的实践经验。她的教育思想、治学方法和研究品格,在《郝克明教育文集》中得以充分体现,主要有五个方面的特点:一是注重从国家战略全局凝练教育战略研究课题;二是注重理论与实践相结合、定性分析同定量分析相结合;三是注重深度分析,将研究从感性认识上升到理性认识;四是注重开展综合性、开放式的宏观教育研究;五是注重把借鉴国际经验同把握中国国情相结合。

在2013年9月13日郝克明教育科研成果研讨会上，我代表国家教育发展研究中心发言，阐述了郝老教育思想的重大贡献和鲜明特征，表达了中心全体老中青同志对郝老的崇高敬意，反映了中心咨询委员会专家团队的共同感受。在郝老的统领和指导下，中心努力汇聚外部咨询专家团队和内部业务骨干的强大合力，逐步成为国内外具有重要影响力的高端教育智库，跨世纪三十个春秋，风雨兼程、薪火相传。中心的老领导老同事一致认为，郝老政治坚定、旗帜鲜明，坚持真理、务实创新，严谨治学、精益求精，关怀同事、栽培后辈，献身事业、树立丰碑，是新中国宏观教育政策研究的开拓者，是教育发展战略领域的领路人，是我们深深敬仰、永远学习的光辉榜样。

回顾走过的路，我全程或部分参与了郝老领衔的所有宏观教育战略研究任务和国家社会科学规划重大课题，在宏观教育政策理论与实务研究方面不断获得新的启发，深深领悟到郝老以师徒相授方式对我的关爱和指教，感到非常荣幸和自豪。郝老数十年如一日的言传身教、诲人不倦，引导我不断端正立场、观点、方法，一点点求索，一番番辨析，一步步成长，使我能为党和国家教育决策科学化、民主化奉献微薄之力。站在中国特色社会主义新时代新征程的今天，展望明天，唯有紧握敬爱的郝老传递给我的"接力棒"，继续守正创新、精诚进取，全心全意服务党和人民教育事业的大局，才能真正不辜负郝老对我的殷切期望，才能深情告慰郝老在天之灵！

壬寅岁末惊闻耗，先辈宾天步太匆。教益常存魂梦里，师恩永记我心中。

敬爱的恩师永远活在我的心中！

2023年1月21日

张力：国家教育咨询委员会秘书长，原国家教育发展研究中心主任。

深切怀念我的老领导、恩师和挚友郝克明先生

周满生

一、引子

2013年9月13日,中国教育发展战略学会与国家教育发展研究中心、北京大学联合举办了"郝克明教育科研成果研讨会"。这次会议及随后由人民教育出版社出版的《宏观教育战略研究的开拓者》一书全面分析了郝克明研究员的教育思想和理论体系,对她的教育研究方法、研究成果进行了总结讨论。我也有幸作了"郝克明研究员在国际交流领域的重要贡献"的发言。在发言中,我总结归纳郝克明在国际交流领域的重要贡献主要体现了以下几个特点:(1)所从事的研究和国际交流活动都具有高度的战略指向;(2)对学习国际教育的理念与经验,强调比较鉴别,为我所用;(3)开展国际教育交流强调实效,重视质量和可持续性;(4)以求真务实的科学态度和个性魅力推动双边交流发展。

在跟老郝三十七年的交往中,老郝既是我工作上的直接领导,又是良师＋大姐＋益友。我最钦佩的就是老郝的品格,不媚上,不唯上,不欺下;待人诚恳,刚直不阿;坚持真理,以研究为终生己任。1985年7月,我和李连宁作为改革开放后第一批毕业的硕士研究生进入教育部。时为政策研究室主任的郝克明先生找我俩谈话,我记得最深的就是"教育政策研究是宏观研究,与社会经济、政治、科技文化存在着密切联系,不能就教育谈

教育,研究教育要与社会实践密切结合"。老郝特别提到搞政策研究不能仅注解政策,不能急功近利,人云亦云,浅尝则止。

二、我跟老郝的微信往来

老郝辞去战略学会会长以后,我跟老郝见面的次数越来越少,但跟老郝的私人微信交往越来越多,越发体会到她的人格魅力。以下是我跟老郝微信交往的一些片断。

关于科研工作。老郝经常给我发来她的文章、讲话等。如2017年老郝对互联网特别关注,给我转发了《互联网怎样改变教育》《人工智能或为教育带来新可能》《新一代互联网》等文,并发来《郝克明在上海开放大学研习班上的讲话》《郝克明在北京首届网络教育年会上的讲话》《总结经验开拓进取开创开放大学发展和改革的新局面》等报告。我也给老郝发去《互联网时代的未来教育》(顾明远)等文以及我的《在互联网＋全民信息化时代背景下,加强学生创新能力的培养》《世界高等教育改革发展趋势与借鉴》等报告。老郝对我发给她的报告,总会认真阅读,然后作出评价。2022年4月7日,我在清华做了一个线上报告《国际视野与学生创新能力的培养》,老郝看了我的报告PPT后说:"报告关于创造性教育教学改革的例子很生动鲜活深刻。"

关于互贺生日。我和老郝是同一天生日,但老郝年长我十几岁。老郝很低调,过生日从来不对外讲。但老郝与我每年7月12日那天,会互发短信相互祝贺。2021年7月12日,我给老郝发微信说:"今天是个好日子,祝您米寿快乐!满生。"老郝旋即回信说:"今天是你的生日,也是我的生日,祝你生日快乐,幸福健康!郝。"并发来她家人给她庆生的视频和照片,还特别叮嘱说:"我的照片只你看看,切勿转发他人,谢谢!"2022年7月11日晚我给老郝发微信说:"明天就是您的八九大寿。南方习俗是过九不过十,不知北方习俗如何表达。您是国家教育发展研究中心和中国教育发展战略学会的缔造人,也是我们尊敬的长者和老师。祝您健康长寿,阖家欢乐!满生。"老郝第二天回信说:"也祝你健康长寿,天天快乐,我们俩同一天生日很难得,我把一切对我的祝福都送给你。祝你生日快乐,万事如意!"我又回信说:"沾您长寿的仙气,做一个正直正派的研究人。"2022年12月31日,老郝住进合睦家医院,我们下午赶去探望,我跟老郝说:"您肯定会恢复健康的,明年我们给您过九十大寿。"老郝当时还很清醒,发出了一个会心的微笑。不想这成为我最后一次给老郝的祝愿。

关于国庆七十周年大庆纪念活动。2019年9月20日,老郝打电话给我,说:"你要不要看七十年大庆阅兵式彩排和国庆汇报演出彩排啊?"我说当然愿意了。老郝说你到我家来取票。我随即到了老郝家。老郝拿出两张票说:"这是政协办公厅给老同志亲友的观摩票,你去看吧。"第二天晚9点,观摩团成员到政协礼堂集合,然后乘大巴车到达东华门,再列队进入天安门观礼台。阅兵式彩排从深夜12点开始,其宏伟壮观的场面后来大家都看到了。我当时被阅兵式的精彩场面折服,回家后写了一篇观后感发给有关朋友。老郝看了我的观后感说:"你的观后感写得生动鲜活,是一篇好的宣传材料。你是我们党和国家政策的一个义务宣传员。"10月1日,老郝亲自登台参加国庆观礼后,还发给了我一张家人推着她坐在轮椅上的照片。老郝虽然腿脚不大灵便,但看上去仍然精神矍铄。

老郝也经常给我发一些时论文章,如《北大校长林建华:大学是通向未来的桥——在北京大学建校一百二十周年纪念大会上的讲话》等。在出席了北大一百二十周年校庆后,老郝的体会是:"今天上午应邀参加了母校校庆,会议的内容和气氛很好,较好地体现了北大精神,很不容易。"

老郝对我继父的关心。2016年,老郝得知我的继父秦含章先生109岁时,多次表示对老人家的关心,委托我向老人家祝寿。2019年,在得知秦老先生112岁不幸离世时,老郝发来唁文:"衷心祝愿秦老先生一路走好!满生节哀!感谢你在秦老弥留之际的细心照料,代我们向秦老遗像鞠躬致敬!老郝。"

三、最后的哀思与怀念

老郝辞世后,追悼会当天晚上顾明远老师发来微信:"满生,你好!郝克明去世了。你们怎么都没有告诉我。沉痛哀悼!"我旋即回信说:"她家里不愿意扩散。今天告别仪式,家人悲痛欲绝。这个疫情害得人不是人,鬼不是鬼。"顾老师说:"没有想到,新冠如此厉害。宣传都说轻。其实很厉害。对老郝我们是四十年的老朋友。太沉痛了。她是一个能谈得来的人,我们有共同的语言。前几年每年都要发邮件问候。没有想到这次她走了。"顾老师说:"我很佩服老郝的。很坚强,不媚上,不唯上。你代我向老郝的孩子表示深切悼念。过一段时间我会写一点纪念文章。"顾老师还说:"她可以说是教育发展战略研究的开拓者。过去教育研究主要限于微观教育教学层面。她最早提出教育发展战略研究,重视宏观研究。"两天以后,顾老师就发来一篇 1500 余字的文章《教育发展战略的开拓者——怀念郝克明同志》,我随即把这篇文章转发到战略学会和发展中心群里,中国教育在线网和北京大学教育学院也马上编辑转发。

1月28日晚,顾老师发微信给我:"满生:你好!《教育大词典》第三版即将付印。我想郝克明应该有一条。请你撰写 500 字以内条文,尽快发给我。谢谢!"并发来《教育大词典》人物条撰写要求。第二天,我综合有关方面报道,写了词条,发给顾老师说:"顾老师,根据您的要求,我写了一稿。稿子已经分别送交了学会领导和老郝家属,他们都无意见,请您审阅修订。满生。"顾老师作了个别修订,特别指出:"词典的要求,一般不做评价只讲事实。凡是进词典的都是著名教育家。人物不做评论性定语。我觉得获奖不一定写很多。词典仅是一个人物索引,不可能写得很完全。我修改了一下,已送编辑部。"我个人觉得能够进入《教育大词典》人物词条是一种莫大的荣誉,一般在世的人是不入典的,这是对著名教育家郝克明先生的盖棺之定论。

尊敬的老领导、恩师和挚友郝克明先生,您安息吧!

周满生:中国教育发展战略学会学术委员会常务副主任,原国家教育发展研究中心副主任、研究员。

难忘的记忆　永久的怀念

韩　民

结识郝克明先生是在1989年。当时我从日本留学刚回国，经北京大学高等教育研究所汪永铨教授介绍，我进入国家教育发展研究中心，开始了教育研究工作生涯，从事教育政策、教育发展战略研究工作。

老郝和我都属鸡，她年长我两轮，从年龄上讲她是长辈，从工作关系上说，也是我的老领导。从教育战略研究上来说，她是我的领路人。在三十多年的交往中我习惯称呼她"老郝"，现在我仍想继续这样称呼她，因为只有这个称呼才能体现对她由衷的尊重和亲近感。

从进入国家教育发展研究中心工作，到后来去中国教育发展战略学会——这两个教育战略研究机构都是老郝创立的——老郝对我的教育战略研究生涯影响很大。

老郝作为我国教育宏观战略研究的开拓者，在推动我国教育发展战略研究上作出了巨大贡献，其中有几件事是彪炳史册的。

一是创建国家教育发展研究中心。我到发展中心工作的时候发展中心刚刚从政研室分立出来。后来听老郝讲过，当时她作为国家教委政策研究室的主任，提出创建国家教育发展研究中心，是因为在几十年从事教育工作的经历中她深刻认识到，教育战略决策上的失误给教育事业发展带来的损害是巨大的，正确的教育决策需要立足全局、着眼长远的教育发展战略研究提供支撑。正如她自己所说，"教育发展战略研究的成果，直接关系到未来几年甚至几十年教育发展的重大决策和对教育实践的指导,关系当代甚至几代人全面素质的提高"。正是基于她对教育战略研究、宏观决策研究重要性的深刻认识,她创立了国家教育发展研究中心。

二是她开创了教育发展战略研究的新思路、新范式。老郝参与了改革开放以来很多重大教育战略规划的研制,包括1985年的《中共中央关于教育体制改革的决定》、1993年的《中国教育改革和发展纲要》、2010年的《国家中长期教育改革和发展规划纲要(2010—2020年)》、《中国教育现代化2035》等的研究制定。她也是唯一一位从"六五"到"十一五",连续6次承担国家哲学社会科学规划重大研究课题的专家,这些研究包括中国高等教育结构研究(六五)、应用学科高层次专门人才培养途径多样化研究(七五)、21世纪初中国教育发展战略研究(八五)、当代中国教育结构体系研究(九五)、建设终身学习体系和学习型社会的研究(十五)、独生子女群体与民族竞争力研究(十一五)。从这些研究课题的题目和内容上不难看出,这些都是聚焦当时教育发展重大战略问题的研究,体现了老郝高屋建瓴的战略眼光、对教育发展时代主题的敏锐深刻的洞察。在长期的战略研究当中,她坚持从国家经济社会发展的战略需求出发研究教育发展战略,坚持聚焦教育结构、终身学习体系、学习型社会、教育竞争力等重大教育战略命题,坚持宏观视野、国际视野和跨部门、跨学科的研究方法,开辟了教育战略与政策研究的新范式。

三是创建中国教育发展战略学会。学会是2005年成立的,我虽然没有直接参加学会的创建工作,但对老郝创建学会的初衷可以说非常了解。她创建战略学会不仅是依托学会继续她自己的教育发展战略研究,而且是想搭建一个更广阔的教育发展战略研究平台,发动更多的研究力量参与到教育战略研究事业中来。战略学会成立后,老郝作为首任会长,对学会的发展投入了巨大精力,可以说是呕心沥血,为学会后来的持续发展奠定了坚实基础。老郝确立的战略学会的宗旨和办会思路是她留给学会的宝贵遗产。2017年我到战略学会担任秘书长,除了考虑继续自己的教育战略研究志趣之外,很大程度上也是想为老郝打造的学会贡献微薄的力量，以回报她几十年来在教育战略研究上对自己的栽培和期待。接任战略学会秘书长以后，每次去她家里探望，聊起的话题大都离不开教育战略学会的发展，足以见证她对战略学会发展倾注的极大热情。

在跟随老郝从事教育战略研究三十多年的过程中，从她身上我学到很多东西。

第一，是她对于教育事业的热爱、高度的事业心与使命感。每次参与重大教育战略和政策文本的研制起草，或是重大课题研究，在稿件提交之前，她都会本着高度负责的精神、精益求精的态度，一丝不苟地审稿和修改。有时候已经提交的文稿，只要她发现有错误或不妥之处，也会追回文稿，改好后再交出。这种认真负责、精益求精的态度是同她高度的事业心和使命感分不开的。

第二，是她统揽全局、着眼长远的战略视野。老郝始终把教育发展战略置于国家经济社会发展的宏观背景下进行研究，强调教育战略研究要跳出教育看教育，要从国家战略的高度把握教育改革发展的方向和路径。比如，在她牵头的十一五哲社研究课题独生子女问题的研究中，她把独生子女问题上升到影响国家竞争力的战略高度进行研究和分析。

第三，是她实事求是、敢于谏言的学者风范。我还记得同她一起参与调研国家中长期教育改革和发展规划纲要时，在对国民教育体系与终身教育体系关系的认识上，她始终坚持两者不是并列关系，而是包含关系，终身教育体系是包含了国民教育体系的更上位的概念，而不是相反。基于这个观点，她对中长期规划纲要草案提出了质疑。

第四，是她开放的教育战略研究态度和方法。这主要体现在几个方面。一是向教育决策部门之外的其他政府部门开放，在她主持或参与的重大政策制定和重大课题研究中，她特别注意倾听其他部委对教育改革发展的意见；一是向本机构之外的专家学者开放。在担任国家教育发展研究中心主任期间，她发起成立了专家咨询委员会，吸引了一大批知名专家和地方教育部门的领导，为教育发展战略提供咨询建议。再有一个是向国际平台开放。老郝高度重视教育战略领域的国际交流与合作，先后组织策划了一系列国际教育战略交流与合作项目,包括香山国际教育研讨会、面向21世纪教育国际研讨会、同美国卡内基教学促进基金会的交流合作、助力联合国教科文组织在北京召开学习型城市大会,等等。在这些国际交流合作中,她不仅认真了解外国专家的战略思路,而且积极宣传中国教育改革发展的成就,她的学识受到不少外国专家的好评。老郝很注重国际比较研究,在发展中心里设了比较教育研究室,还积极引进从国外留学回国的研究生。记得当时同我先后被招到发展中心工作的海归博士有4个人,除我从日本回来之外,还有从法国、美国等国家留学回来的博士。后来4个人当中,只有我坚持留在了发展中心继续从事教育战略研究工作。当时我选择留下,很大程度上是觉得在老郝开辟的发展中心这个比较和谐自由的教育战略研究平台上,能从事自己想做的研究工作。

第五,是她对后辈的提携和包容。老郝在管理上很严格,但是在学术问题上,她很开明和包容。我记得她担当国家教育咨询委员会终身教育体制机制建设组组长时,要我做她的助手,但在终身教育体制机制改革的某些问题上,我同她的个别观点不一致,她并没有强迫我接受她的观点,还很耐心地倾听我的观点。

第六,是她潜心钻研、辛勤耕耘的奋斗精神和活到老学到老的终身学习精神。老郝把其研究兴趣转向终身学习,是在她退休以后。通常退休后,即便继续从事研究,大体也就是吃吃过去积累的研究成果的老本,而老郝则是进入了一个全新的研究领域,足见老郝超乎常人的毅力和终身学习的精神。过去几年里,每次见到她,她都不断向我了解终身学习领域战略发展的新动态,索要新的研究成果。

老郝的离世,使我们失去了一位教育战略研究领域德高望重的良师益友,这是我国教育战略研究事业的巨大损失,也是中国教育发展战略学会的巨大损失。斯人虽逝,风范长存。纪念老郝最好的方式,就是学习她生命不息、奋斗不止的钻研精神,学习她理论联系实际的研究方法,继承她的遗志,把我国的教育发展战略研究继续推向深入,为加快建设教育强国、学习型大国贡献我们应尽的力量。

永远怀念郝克明先生！

2023 年 4 月 16 日

韩民：中国教育发展战略学会常务副会长，原国家教育发展研究中心副主任、研究员。

第一部分　悼念文章和发言辑录

永远的怀念
——老郝永远是我教育职业生涯的精神导师

康 宁

  我们一生会相遇到许多难忘的挚友,但想要遇见一位相随相伴并影响你职业理念、职业生涯的人,很难。但我有幸遇见了。郝克明先生就是我在教育部机关工作期间乃至调动工作后,我所崇拜、敬重、爱戴的精神导师。

  一个人从事的职业与其专业如果一致,是好事,但并不代表你在职业路途中不动摇、不困惑,这时就需要有一位愿意倾听还能让你心服口服并重振旗鼓继续前行的人,这个人就是老郝。尽管我在职业生涯的不同阶段遇到过许多好老师、好领导、好同事,但在选择教育宏观战略研究与公共政策管理的研究方向上,老郝是始终在我身边指导、鼓励我最多的人。

  在我眼里,老郝在教育改革的重大关键时刻从来都是"匹夫有责",且从不缺位。1985年我调到教育部工作,尤其是调到办公厅后,经常会参与各种重要会议,研究方针政策,撰写重大文稿,老郝都在现场,从不缺席。许多时候,主要领导开会扫一眼会场马上会说,赶紧联系老郝参会。特别是遇上重大政策调整时,主要领导也会问,老郝是什么意见。主管部门主要领导调整后,都会首先倾听老郝等同志的观点、看法。每逢重大改革,他们都会与老郝交换意见。老郝是迄今为止教育部参与教育改革发展重大研究时间最长、资历最老、贡献最大的人。什么是改革见证,什么是历史逻辑,什么是时代赓续,老郝一生亲身示范,尊重历史,续写未来。

在我眼里,老郝在众多教育改革抉择中始终将教育作为国家重大战略来研究。改革开放、拨乱反正之后,以经济建设为中心,各行各业急需大批人才,教育无论在中央还是地方都是最重要也是最棘手的事情,百废待兴、千头万绪,什么是国家教育最基础、最关键、最核心的事情,先抓什么,为什么要抓,怎样去抓,这些都是摆在主管领导案头上的重大决策选择。而首当其冲就是确立教育在国家中心工作中的地位,就是国家教育发展战略研究。国家教育发展研究中心作为相对独立的咨询机构承担了这一重要角色。当年,在中央国家机关,能够这么早建立国家级的宏观战略咨询机构并不多见。可以说,没有老郝的深思熟虑与四处游说,这样的职能机构很难建立,也很难发挥作用。之后,老郝率领着专业、敬业、能打持久战的团队,成为当时国家教育重大决策机制中不可缺少的智囊。而在老郝胸怀大业、富有远见、脚踏实地的努力下,改革开放以来所有重要宏观教育决策几乎都倾注了她的心血。老郝永远是那个敬畏教育、充满激情、据理力争、废寝忘食的老郝。教育是百年树人、功在千秋的事业,把教育作为国家战略考虑、从战略研究视角出发,是老郝的工作重心,也是她孜孜以求的奋斗目标。值得庆幸的是,这一目标在不断实现中。在这么多年殚精竭虑的追求过程中,受到她的感召,我被带入了这一永无终点的朝圣路上。我相信,她所留下的这一教育遗产不仅会激励我,也会激励更多的教育探索者努力前行。

在我眼里,老郝就是那种随时可以打电话、约见面,可以真诚信赖,可以争论、交换看法的长者。她的年龄如我的父母辈,但相处起来,几乎没有年龄障碍。除了在教育发展战略学会,老郝从来不是我的直接领导,但我与她在一起的工作时间不少,她的言谈举止、身体力行都影响着我,尤其是在行政机关里,老郝从来不在乎级别大小,我也就一直这样没大没小地用"老郝"称呼着,几十年了,习惯了,特别亲切!在我成长的一些重要节点上,她都能够循循诱导、苦口婆心地化解我的痛处和盲点,同时也尊重支持鼓励我的选择。在我的记忆中,跟老郝沟通聊天,她从不诉说遭遇的不公或不平,她几乎没有时间惆怅,也没有精力纠缠个人名利;只要和她交谈,全是教育话题。2017年夏天,老郝给我打了一个很长的电话,所有的内容都围绕着教育热点;然后,就是劝说我重新回归战略学会研究关注教育战略问题;最后,规劝词成了"退休了不要待在家里,会得老年痴呆症的"。于是,这时她成了我真正的领导。

这就是我几十年来相知相遇的老郝。

老郝,作为精神导师,你的教育遗愿、你的人格风骨、你的激情风采,永存我心中!

2023 年 1 月 15 日

康宁:中国教育发展战略学会常务副会长,学术委员会副主任,中国教育电视台原台长,中国教育出版传媒集团原党组成员、副董事长。

在深切缅怀郝克明先生追思会上的发言

杨银付

今天,我们怀着十分崇敬的心情缅怀老郝、追思老郝。刚才大家谈到了老郝的很多贡献,开创了一个学科,创办了一个中心和一个学会,产出了一批高水平的研究成果,深深地影响了教育决策。我觉得,我们应该向老郝学习,学习她的精神,学习她为学、为事、为人的品格。

第一,学习老郝深爱教育的真挚情怀。老郝一辈子从事教育事业。2004年美国哥伦比亚大学教育学院授予老郝"教育与人类发展杰出贡献奖",她讲道:"只要我的身体不倒下,我对新的知识的学习、我对教育的追求和探索的脚步,就不能也不应该停止。"老郝是这么说的,也是这么做的。老郝的人生,就是教育人生。她一直倡导素质教育,体现出对孩子们全面发展的尊重和重视,体现出对党的教育方针的忠诚和践行。

第二,学习老郝着眼全局的战略眼光。进鹏部长讲,要跳出教育看教育,立足全局看教育,着眼长远看教育;要从政治上看教育,从民生上抓教育,从规律上办教育。老郝就是这么做的,她总是把教育放在经济社会的大系统中来研究,努力把教育发展和改革的重大问题放在历史发展的进程和社会发展的大背景中研究,注意研究考察经济、科技、人口和社会对教育发展和改革的影响、要求,打破了就教育研究教育的模式。由广东教育出版社出版的老郝个人教育文集名为《教育·社会·未来》,彰显了她的宏观视野。

第三,学习老郝服务决策的主动自觉。老郝研究不是为研究而研究,她多次谈道:"我从大量历史经验的体悟中,深感宏观决策的正确是教育事业发展和成功的最重要的因素,而宏观决策的失误则是最大的失误,这也是我把全部精力投入到教育宏观决策研究的根本动因。"她总能敏锐地抓住一些重大的实践和理论问题、战略性问题,让我们敬佩。她也直接参与了《中共中央关于教育体制改革的决定》《中国教育改革和发展纲要》等国家重大教育纲领性文件的起草工作。

第四,学习老郝注重实证的研究品格。决策不能拍脑袋,决策要有依据,要有理性。老郝很注重实证研究,在她牵头的"中国高等教育结构研究""应用学科高层次专门人才培养途径多样化研究""21世纪初中国教育发展战略研究""终身学习与学习型社会研究"等课题中,我们经常看到大型的、详实的调查研究。老郝特别强调研究工作的开放性和研究团队的跨界组合,经常组成跨学科、跨地域、跨单位、跨部门的研究团队,给我留下了深刻的印象。为了凝聚各方面的专家,老郝创办了中国教育发展战略学会。

第五,学习老郝实事求是的科学精神。老郝经常谈道:"没有对教育事业的满腔热情和对科学的献身精神,没有对真理的渴望,没有不辞劳苦、不怕困难的奋斗精神和严谨扎实的学风,要想在教育科学研究领域取得成就几乎是不可能的。"老郝经常告诫研究者要排除干扰,淡泊名利,"甘于坐冷板凳,十年磨一剑",要防止浅尝辄止和急于求成的浮躁风气。她身体力行地做出了榜样。在她身上,体现着我国优秀知识分子的浩然之气,脚踏实地、求真务实、严谨治学、一丝不苟,不唯书、不唯上、不唯众、不唯我,只唯实。

老郝是我们永远的师长,谢谢老郝。

杨银付:中国教育学会副会长、秘书长,原国家教育发展研究中心副主任、研究员。

在深切缅怀郝克明先生追思会上的发言

杨念鲁

刚才,各位领导和同事们都从不同侧面缅怀了老郝,我听了也非常感动。此时此刻,我更加怀念我们尊敬的老领导。我仅以个人的经历、从一个侧面追忆一下老郝对我的关心与帮助。我在教育部工作了三十八年,最初的十二年都是在老郝的领导和关怀下工作。在这个过程中,我深刻地体会了她作为单位一把手对年轻人的理解、关爱和支持。可以说,我的成长离不开老郝的信任和悉心帮助。

1985年上半年,我在石景山教育局做文员,教育部政研室想调我到部里工作,可是教育局坚决不肯放人。政研室办公室赵登昌主任几次到石景山做工作都无果。老郝为了调我进教育部,亲自给当时的北京市委副书记打电话,希望能够放人。我当时不过是个无名小卒,更谈不上什么工作能力。老郝当时工作非常繁忙,很多大事需要她操劳,她却为了一个并不很熟悉的年轻人工作调动亲自出面做工作,充分说明她对年轻一代的关心和支持。

熟悉老郝同志的人都知道,她有个特点,就是大胆信任年轻人,敢于放手让他们去试错、去摸索。20世纪90年代初,联合国教科文组织有一个关于发展中国家教育浪费的课题。老郝毫不犹豫地把这个课题交给我们三个30岁左右的年轻人独立完成。在课题研究过程中,除了听取课题汇报、给予必要的指点以外,她从来不直接干预我们的研究工作,放手让我们去做。1988年下半年,教育部政策研究室和发展中心一分为二,大家都面临着重新选择工作单位的问题。我当时对自己并不自信，犹豫着不知道怎么选择。有一天老郝让我陪她去看望生病的赵一兵同志，路上她问我有什么打算。我说我还是愿意搞研究，但不知自己能不能胜任。老郝当时一点儿也没犹豫，说，那你就到中心来吧。

1996年初发展中心推荐我作为专家组成员参加财务司的一个国家教育扶贫项目。半年以后，财务司领导提出，希望我正式调到财务司工作。开始老郝并不同意，可有一天突然让我去她办公室，问我自己是否想去财务司工作。我说在哪儿都可以，当然，换一个岗位、多一种经历，可能对自己未来发展也有帮助。老郝诚恳地说，虽然中心也需要你们这些有一定研究经历和研究成果的年轻同志，让你们离开对中心、对研究工作肯定会有影响（顺便解释一下，当时已经接连有几个年轻同志因各种原因离开了中心），不过，你还是去吧，年轻人成长的过程中，多一个岗位、多一些经历，对以后更好地进步是有帮助的。我调离中心后不久，又有几个中心的骨干也调到其他单位。老郝同样都给予充分的理解和支持。

以上几件事情都是我的亲身经历。从这几个例子，能看到老郝对年轻人的信任、支持和帮助。她总是理解年轻人的愿望，包容我们的错误和幼稚，恳切地指出我们工作中的弱点和不足，甚至对我们的家庭生活也倾注了无微不至的关心。她总是为年轻人搭建大平台，创造更好的条件，让他们充分展示自己的才能。在我成长的过程中，如果说后来做成了一点事情的话，应该说，与老郝的教诲、支持和帮助是完全分不开的。今天，在这里缅怀老郝同志，我心里充满了感激和悲痛。

杨念鲁：中国教育学会原常务副会长、秘书长，原国家教育发展研究中心研究员。

引领学习型大国建设的重要理论硕果
——深切缅怀当代杰出教育家郝克明先生

季明明

几天前的清晨突闻噩耗,我国当代杰出教育家郝克明先生于2023年1月13日因病医治无效不幸逝世,享年90岁。我感到非常悲痛。虽然已经永别,但是,郝先生端庄睿智、和蔼可亲的容貌仍然不断地在我脑海中浮现。

自20世纪80年代中叶起,我在教育部与郝先生相识后,交往很多。二十年前我参加了由她领衔的终身学习课题研究。后来,在研究起草国家教育规划纲要时,她作为第六组组长、我作为副组长一起共事。她担任国家教育咨询委员会委员兼终身学习组组长后,聘请我担任终身学习组专家组组长,后来我担任国家教育咨询委员会委员后,仍然在她领导的终身学习组工作。她提名并经教育部原副部长鲁昕同志同意,我又担任了该学会全国学习型城市建设专家咨询指导小组组长。在郝先生的直接指导下,我带领团队所做的最有意义的一件大事是,组织各地推选和评审了中国学习型城市案例。第一批评选出的是北京、上海、深圳等16个城市,正式出版了《中国终身教育蓝皮书:中国学习型城市案例(第一辑)》,全面展示了一个人口大国推进终身学习的勃勃生机和卓著成就。该著提交第一次世界学习型城市大会后,受到与会中外专家和联合国教科文组织总干事的高度评价。在这期间,郝先生与我无话不谈,成为我由衷尊敬的良师益友。她的人格魅力,她的丰富学识,都令我受益匪浅、深为钦佩!

近几年,郝先生由于身体欠佳而不再出门,加之受新冠疫情影响,也不再会客。我与她已经几年未见,但是常有微信往来。2022年7月1日是党的生日,我按照惯例发去微信向郝先生致敬。当时,听说她的身体已经越来越差而坐轮椅了。我经反复思考,一改礼节性致贺的方式,向先生吐露肺腑之言:"尊敬的克明先生:您好!值此中国共产党诞辰101周年光辉节日,谨向您致以崇高的敬意和诚挚的问候!本人以一名长期与您在终身教育研究领域共事和见证者的视角,深深地感悟到:几十年来,您无限热爱和忠诚于党和人民的教育事业,严于律己、宽以待人;锐意创新、崇尚科学;实事求是,坚持原则;光明磊落、公道正派;深入实践、联系群众;一生清廉、两袖清风,不愧是中国共产党的一名优秀党员,是为党和国家教育事业作出重大贡献的当代杰出教育家,是我国终身教育事业理论和实践研究的开拓者、奠基者,是教育界同仁的一位'大先生',是广大教育工作者的学习榜样和人生楷模。值得本人敬仰!衷心祝愿您身体安康,吉祥长寿。"微信发出的时间是7点52分。郝先生很快打来电话,对我表示感谢。再次听到她亲切的声音,感到她吐字尽管不太清晰,但是思维和表达的条理性依然较强。这给我带来了一点宽慰。7月5日,11点14分,郝先生又专门给我发来微信说:"谢谢你七一的来信,你在信中对我的溢美之词,我实不敢当,我把它看做是你对我的期望和鞭策,也把它看做是我们互相学习互为榜样的内容,再次谢谢你。老郝。"依然呈现出她一贯低调谦虚的风格。我未曾料到,这竟然是与郝先生的最后一次沟通。等到再一次见面时,她已经在鲜花丛中安祥平静地躺着,与尊敬爱戴她的无数同仁天各一方。我衷心地祝愿郝克明先生在天之灵安息!

十几年来,在广大理论工作者和实际工作者的共同努力下,我国终身学习研究领域取得了积极的成果,《郝克明终身学习研究文集》是其中十分重要的组成部分。仔细品读,令人深感,这是郝克明先生基于以人为本的世界观研究中国教育改革发展问题的新建树、新突破,也是她历经几十年开创我国教育发展宏观战略研究成果的重要组成部分。

一、郝克明终身学习思想的时代背景

郝克明终身学习思想放眼世界，总揽全局，既涉及她为探索解决新时期中国教育改革发展难题所提出的新思路、新方法，又涉及应对新一轮世界教育变革、争取我国不落伍并抢占先机而进行的深入思考，承载着她对国家教育改革创新发展的殷切期盼，具有鲜明的时代特征，体现出很强的紧迫性、针对性。

20世纪六七十年代出现的终身学习思潮，伴随着20世纪末知识经济的发展，从初露端倪到大步走来、不断拓展。经济全球化进一步使知识以及掌握知识的人才成为各国持续发展和构成核心竞争能力最重要的资源。21世纪，人类又遇到全球金融危机等严峻挑战，同时，面临新科技革命和信息化等重大机遇。基于空前复杂的国际背景，她明确地指出，构建终身教育体系，建设学习型社会，是科技、经济、文化和社会高度发展的必然要求；从经济全球化视角来看，中国构建终身学习体系的任务非常紧迫；在发展教育事业和构建终身学习体系的思路和途径上要有新的突破；要增加教育体系的弹性，构建符合中国国情的终身学习体系。

当时，国内教育资源紧缺，庞大的教育需求与有限的教育供给之间的矛盾突出，贫富差距、城乡差距突现出背后越来越严重的"知识差距""教育差距"，应试教育影响扩大，导致素质教育难以实施，传统经济发展模式致使劳动生产率不高，广大在岗人员培训不落实，城镇化进程中转移农民素质亟待提高，继续教育已是教育领域中最薄弱的环节，教育体系内部不契合使教育综合改革难以全面突破，高等教育人才培养质量不高，教育信息化严重滞后，等等，不仅困扰、影响着经济、社会和人的全面发展，而且加大中国与发达国家教育水平的差距。

解决教育问题需要从多方面努力，必须找到能够总揽全局的"牛鼻子"。郝克明敏锐地洞察到国家教育和社会发展的重要动向。从她的许多论述中可以感悟到,她已经找到了这样的"牛鼻子",这就是"终身学习"。她在2005年就明确指出,构建终身教育(学习)体系是我国教育发展和改革的迫切需要,我国现行的教育结构体系很不适应我国教育发展和改革的要求。中华人民共和国成立以来,虽然已初步建立起有中国特色的社会主义教育体系,形成了学前教育至高等教育、普通教育与职业教育、学历教育与非学历教育、课堂教学与远程教育等多种层次、类别和形式教育的格局,并正在向终身学习的方向发展,但是,由于历史、体制和观念上的原因,我国现行教育结构体系还不适应经济发展和社会进步的需要。她指出,教育内部各级各类教育特别是普通教育和职业教育,尚未建立起相互沟通和相互衔接的关系,不能满足人民不断提高的对受教育机会的多种选择和要求;我国长期以普通学历教育为主,这些年来在教育结构改革中逐步发展了职业教育序列,但它同普通教育分为两个割裂的体系,两者缺乏沟通和衔接;社会各行业各部门在职人员的岗位培训、转岗培训和学校后的继续教育十分薄弱;适应社会成员多种需求的非学历非正规教育尚未受到应有的重视。她的重要结论是,终身教育思想的提出和发展需要我国教育进行革命性的转变。

她不失时机地将研究重心转向终身学习领域,虽然年逾花甲,开创一个全新研究领域非常不易,但是,她坚韧不拔,锲而不舍,十年磨一剑,逐步形成了具有鲜明特色和优良品质的终身学习思想研究成果。

二、郝克明终身学习思想的主要内容

郝克明终身学习思想研究是为推进终身学习、终身教育,构建终身教育体系,建设学习型社会、学习型大国而进行的相关理论探索、决策研究、实践发展,涉及其重大意义、本质特征、战略目标、主要任务、大教育观等内容,是一个完整的思想体系。

（一）深刻指出终身学习的重大意义

她以"革命性的转变""人类教育的第三次飞跃""最伟大的创举"来概括终身学习思想对于引领我国整个教育改革的重要性、必要性，并且以全面小康和社会主义现代化的"基本要素和基础"来概括建设终身教育体系的重大意义。她深刻地指出，终身学习体系的构建所包含的不仅是时空上教育的拓展，而且是教育发展史上一场极其深刻的变革。这场变革的深刻性表现在教育观念的变化，教育内容、教育方法和人才培养模式等新的探索和创新上；表现在教育结构体系的丰富性和教育制度的弹性化、个性化、多样化等方面。它不仅要求教育者和学习者自身的观念和教育（学习）行为的变革，还需要社会制度、组织、技术等多方面的变革与支持。终身教育理念的提出、发展和实践，必将带来包括教育在内的社会诸多领域的新变革。

她特别强调构建中国特色学习型社会的世界意义，认为在党的十八大精神指引下，依靠各级党委、政府和全社会的积极性，充分整合各种优质教育资源和运用先进信息技术，大力推进终身学习，建设世界最大的学习型社会，将会进一步呈现中国特色社会主义制度的强大生命力，也是对人类文明进步和世界和平的重大贡献。

（二）提出终身学习的战略目标

早在2006年，她就设想了我国建设终身教育体系和学习型社会的战略目标：到2020年，我国教育供给能力将明显增强，为我国终身学习体系和学习型社会的建设和发展奠定比较雄厚的基础；建立适应我国广大社会成员需求的教育和培训体系，努力形成开放、灵活、方便、宽松的学习环境，满足广大社会成员特别是在职劳动者日益增长的知识和技能更新的需求；形成促进终身学习体系和学习型社会建设的法律法规和政策保障机制。

她进一步揭示了终身学习的本质特征与美好前景："终身教育体系就是能满足社会成员对终身学习的需求、有利于学习者学习的系统；在这样的系统中学习者可以根据自己的需要，在一生中的任何时间、任何阶段、任何地点进行学习。学习型社会是社会形态范畴的概念,它从社会发展角度,突出强调教育要向所有人开放,保障所有人学习的权益,使教育和学习从传统学校扩展到社会各个层面、各个组织和所有人,满足广大社会成员在人生各个阶段的学习需求,社会的学习化、学习的社会化,是社会进步的一个重要标志,将是未来社会发展的重要方向。建设终身教育体系和学习型社会是一个动态的发展过程,终身学习理念的全面实现,是人类物质文明和精神文明高度发展的结果。"

她明确指出了实现终身学习战略目标的基本条件,认为终身教育体系和学习型社会的建立需要四个方面的条件:具有终身教育(学习)观念和一定学习能力的学习者;能为社会成员提供终身教育(学习)的教育结构体系和机构;建立有利于终身教育(学习)的政策和制度;教育信息化的发展水平;培养具有高度的学习自觉性和学习能力的新一代学习者,不仅是社会及个人可持续发展的迫切需要,也是建成学习型社会最重要最关键的因素。

她强调实现终身学习战略目标需要有体制、机制的保障:建立完善与终身学习体系和学习型社会相适应的公共管理机构;转变政府职能,充分发挥政府在建立学习型社会中的作用,提高政府公共管理和服务的效率和水平;在非义务教育阶段和非正规、非正式教育及各种培训方面,要重视和积极发挥全社会和各种教育机构的作用;要建立政府和社会各部门之间的统筹协调机制。

为了确保终身学习战略目标的实施,她高度重视制定终身学习评价指标体系。在2006年发表的《跨进学习社会——关于建设终身学习体系和学习型社会的研究》中,她提出了学习型社会评价指标体系的基本框架,为国内研究该项重要课题明确了指导思想、基本要素和评价重点。

(三)以"大教育观"坚持终身教育体系的完整性,提出"大教育观"是她对形成我国终身学习思想理论体系所作特殊贡献的核心部分。

早在2004年,她就要求以"大教育观"促成我国终身教育体系的构建,提出确立大教育观,形成学历教育与非学历教育、正规教育与非正规教育并重的教育体系,满足经济、社会发展以及广大社会成员对教育和学习的日益增长的多种需求。

针对一段时期里国内将终身教育与国民教育并列为两个体系的情况,她据理力争,反复强调终身教育体系是涵盖了学校教育与继续教育的完整体系。她明确指出,要用终身教育思想改革学校教育系统和学校教育制度,拓展学校教育的服务功能。她深刻地揭示了终身教育体系的特点及其与各级各类教育之间的关系,指出终身学习体系不是传统的学校教育与成人教育、继续教育、非正式教育等各类教育的简单叠加,而是需要以终身教育思想为指导,重建具有内在一致性、关联性和持续性,使学校等各种教育机构以及广大学习者的潜能都能得到充分开发的新的教育体系,并在终身教育框架下实现各种教育类型、各种教育形式和各类教育资源之间的相互沟通、衔接和共享,满足广大社会成员对终身学习的多种需求。终身学习体系包括每个人终身都能够获得学习机会的社会制度建设,需要社会制度、机构、组织、技术等多方面的支持与变革。这些重要和独特的观点与透彻的说理,振聋发聩。党的十七大、十八大报告吸纳了她关于终身教育体系完整性的重要思想。

(四)全面提出终身学习的主要任务

她系统性地提出了我国终身学习的正确方向和基本任务:(1)加强和改进学校教育,充分发挥学校教育在建设终身学习体系和学习型社会中的基础性作用;(2)大力发展培训和继续教育,满足广大社会成员特别是从业劳动者日益增长的学习和培训需求;(3)加强学习型组织和学习型社区建设,推动社会学习化;(4)大力推进教育信息化建设,形成覆盖全社会的教育培训网络和满足各种类型学习者需要的学习资源。

她同时还提出了构建终身教育体系的体制机制、保障条件等一系列重要构想,特别强调构建终身教育体系需要从基础工作做起。她指出,构建终身教育体系,建设世界规模最大的全民学习、终身学习的学习型社会,是我国全面建设小康社会、提高国家竞争力、迎接知识经济挑战的重要途径,也是一项十分艰巨复杂的社会系统工程。为了做好这项工作,她建议全国各部门、各地区加强对培训和继续教育基本情况的调查,从全国和各地的实际出发,采取有针对性的有效政策措施,构建终身教育体系和学习型社会的基础。

她还明确地指出了我国建设学习型社会的基本路径、主要步骤:"构建终身教育体系和建设学习型社会,必须充分发动和依靠广大社会成员的直接参与,从具体创建学习型组织、学习型社区、学习型城市入手。学习型组织不仅有利于促进学习者自身的发展,也是提高各个组织的工作效率、提升组织文化品质和增强组织竞争力的重要途径。学习型社区是社区内居民和各类社会成员进行有利于提高自身文化品德修养、健康体魄以及拓展就业能力的学习的重要基地。学习型城市是学习型组织、学习型社区包括整个学习型社会的主要承载体,在主要城市中真正做到了全民学习、终身学习,就能有力地带动全国其他城乡的终身学习,成为形成学习型社会的重要标志。"

(五)强调以终身学习思想引领各级各类学校教育改革

早在2001年,她就从终身学习视角对现行普通学校教育的功能定位提出了挑战,"学校教育要从单纯向学生传授书本知识,转变为把重点放在为学生的终身学习、生存和发展打好基础,这是学校教育的历史性转变,也是建立终身教育结构体系的基础。同时,要加强普通教育与职业教育的沟通、整合和衔接,建立横向沟通、纵向衔接的教育结构体系"。她还深刻地批评,"目前,在对构建相互衔接、相互沟通的教育结构体系的理解上,人们往往把思想集中在高等学校的扩大招生方面,这是不够全面的"。

她深入剖析了我国学校教育与构建终身教育体系严重不适应的问题,"学校教育的发展和改革,还不适应建设终身学习体系和学习型社会的要求……学校教育体系内部各类教育特别是普通学校和职业学校之间、学校教育体系与社会教育体系之间尚未建立起合理和有效的相互沟通与衔接的关系,教育资源共享程度不高",并一针见血地指出,我们的教育思想、教育内容、教育方法、教学手段以及学习者的素质等,很不适应当代科技、经济的高速发展和终身教育的要求,特别是传统教育思想的许多弊端,在相当程度上束缚甚至扼杀了不少儿童和青少年学习的主动性、积极性和创造性。她进而指出在建设学习型社会的进程中,学校教育特别是基础教育应该加强,从教育观念到教育内容、教育模式和方法、教学制度等,都需要经历一场深刻的变革。

如何具体地推进这场"深刻的变革"？她首先指出了在终身学习时代基础教育的基本任务:"面临终身学习的要求,基础教育阶段学校教育的基本任务,首先是尊重、保护和不断发展儿童与生俱来的学习兴趣与积极性。这是儿童在开始系统接受学校教育时应该特别注意的问题";"究竟什么样的观念和做法妨碍了学生热爱学习,什么样的方式可以促进学生对学习发生浓厚的兴趣,取得最佳学习效果,这是学校教育教学创新必须思考与实践的根本性问题,也是决定学校教育能否成为未来学习型社会的基础和重要动力的重大问题"。

同时,她在国内首次从5个方面比较清晰地指出了进行这场"深刻的变革"的重要路径:(1)改革教育教学制度,扩大学习者对教育的选择机会;(2)改革教育思想、教育内容、教学方法,使学校从单纯传授知识转向为学习者终身学习打好基础;(3)推进办学体制改革,实现办学途径多样化;(4)加强学校的开放性,充分发挥学校教育资源的潜力,为广大社会成员提供更多的学习机会;(5)加强教师的终身学习,建立各类学校特别是基础教育学校科学的学习质量检测和评估体系。

在2010年,她继续强调:"在大力发展学校教育的同时,我们将以终身学习理念为指导,进一步深化课程与教学方法的改革,在传授知识的同时,着力培养学生的学习兴趣、学习习惯和学习能力。同时进一步改革教育教学制度,增强学校教育体系的开放性、灵活性,充分发挥学校在建立终身学习体系中的作用。"

她还提出了终身学习时代职业教育改革发展总体思路,强调要鼓励各类职业学校实行"一校多制",实行职前和职后教育并举,学历与非学历教育并举,全日制与部分时间制并举,面向全体社会成员特别是进城务工人员、城乡待就业人员、企业职工以及农村实用技术人才提供多样化的继续教育机会;高中阶段学校和高等学校逐步实行弹性学习制度,放宽招生和入学的年龄限制,为社会成员特别是从业人员接受继续学历教育提供比较灵活和方便的机会。

她从人才成长规律的角度深刻地指明在终身学习时代高等教育的历史使命和重大责任,指出,"要充分发挥大学在高层次人才继续教育中的重要作用。拔尖创新人才的成长,不是一次学校教育所能完成的。实践证明,要成长为各领域的科技带头人和高级经营管理人才,不是只有'学士—硕士—博士'一种途径,也可以是'学士—实践—继续教育'等途径,亦即人才成长是不断学习与工作实践相互交替的结果。大学(包括研究生教育)后的非学历继续教育成为高层次拔尖人才成长的重要途径,这也是终身教育对大学所提出的新要求"。

她特别看好大学在构建终身教育体系中所具备的有利条件,指出大学具有人才、教学、科研及学习设施等得天独厚的优势,在终身教育体系中具有极为重要的地位,应当在这方面发挥更大的作用。她还对大学使命给予全新的解读:"大力强化高等学校为社会成员提供多种多样继续教育服务的功能。"

她多年以前全面、系统和深刻阐述的基于终身学习理念进行各级各类教育改革的思想,至今重读,仍然具有很强的针对性、前瞻性、先进性、创新性和指导性。党的二十大报告郑重提出要加快建设高质量教育体系,这是中国共产党顺应时代发展潮流、把握历史机遇、坚持问题导向所提出的新的宏大发展目标;是我国教育领域和各级各类学校全面进入改革创新发展新阶段的一项全局性重大战略任务。认真学习、深刻理解郝克明先生关于终身学习的重要观点,会得到直接的启迪。

(六)系统构思继续教育改革发展目标

她对新时期我国继续教育的重大意义、存在问题、努力方向、发展战略、主要任务、改革举措等重大命题有着广泛、深入的调查研究和系统、全面的思考,提出了一系列重要的战略举措和决策建议。

她深刻地指出继续教育的重大意义和历史使命,"在加强各级各类学校教育的同时,怎样为世界上数量最大但教育水平相对较低的劳动大军提供大量有效和较高质量的培训和继续教育,是我国教育面临的巨大挑战,也是在我国全面建设小康社会和实现社会主义现代化的关键因素";"加强对广大社会成员特别是从业劳动者的继续教育,是建立我国终身学习体系和学习型社会的重要组成部分,是促进我国经济和社会发展、全面建设小康社会和实现社会主义现代化建设的关键因素,也是广大社会成员不断提高自身素质的迫切要求"。

她尤其肯定继续教育对培养拔尖创新人才的独特作用,指出,"我国的继续教育有了一定程度的发展,但这种教育大多是零散的,尚未规范化、制度化,特别是针对高层次专门人才的继续教育资源更为缺乏。在科学技术飞速发展和经济环境瞬息万变的今天,适应社会发展要求的、充满活力的一大批拔尖创新人才,只有在学校教育的基础上,通过不断的实践和继续教育,才能不断地涌现出来"。

(七)高度重视、科学确定开放大学的重大意义和战略定位

郝克明先生在一生的最后时刻,最牵挂和花费最多精力研究思考的重要事项是如何办好各级开放大学,她对国家开放大学更是情有独钟、尤其关爱,在该校更名成立前后多次前去考察、指导。

她反复强调,办好开放大学是构建国家终身教育体系的重大战略任务,是促进教育公平、落实以人为本科学发展观的惠民工程,是全面开创我国继续教育宏大事业的重要保障。

她明确指出了我国电大系统改革创新和战略转型的根本方向,强调要继承发扬我国电大系统三十多年来所形成的优良传统,同时必须与时俱进、解放思想,深入推进内部管理体制、运行机制、用人制度、分配办法等一系列改革与创新,全面提升办学质量和服务水平,使老电大脱胎换骨,努力向一流水平中国特色开放大学转型。

她反复要求,始终将提高办学质量放在第一位,牢固确立以人为本的科学发展观,尊重教育规律包括现代远程教育规律,坚定不移地走以提升

质量为核心的内涵式发展道路,切实加强办学的针对性、实效性,全面创新人才培养模式。

无论是对国家开放大学的更名成立及其发展战略谋划制定的研究,甚至多次发起由教育部领导参加的专题研讨会议,还是为新国开评审通过增设本科专业等重大事项,都体现了郝先生的关怀与支持。

例如,在当时讨论确定新开大名称的关键时刻,在场诸多领导、专家存在着不同的观点。有些专家主张在"中央"两字后面将"广播电视大学"改成"开放大学"即可。在反复讨论甚至辩论中,笔者据理力争,得到了郝先生一言九鼎表示"支持"的态度,致使全体同志当场作出了一致同意学校冠以"国家"两字即正式命名为"国家开放大学"的上报决定。

又如,国家开放大学(含其他地方开放大学)的成立与挂牌事项,能够在人民大会堂隆重举行,由国务院副总理刘延东同志亲自揭牌,这也是郝克明先生亲自与教育部长袁贵仁及刘延东同志反复沟通的结果。

(八)深刻揭示教育信息化的重大意义与发展方向

早在 2003 年,她就敏锐地预见,以计算机、多媒体、网络技术为主要标志的现代教育技术在教育中的应用,将使教育的发展方式发生革命性的变化,强调要加快教育信息化的步伐,大力发展现代远程教育和网络教育,形成覆盖全国城乡的开放教育系统,为满足不同社会成员的教育需求和提高教育质量发挥更大的促进作用。

后来,她不断地提醒大家,终身学习思潮与飞速发展的信息技术的紧密结合,正在酝酿和引发世界教育领域的深刻革命,我们要不失时机、加快行动,建立和完善关于终身学习体系和学习型社会建设的管理体制和机制,通过教育信息化和现代远程教育的途径创新,实现终身学习体系和学习型社会建设的跨越式发展。

她还就如何建立突破时空限制的信息化公共服务平台提出了具体构想:"以开放的理念、网络通讯和多媒体技术为支撑的远程开放教育,将突破时空的限制,使任何人在任何时候、任何地点参与学习成为可能,要充分运用现代信息技术,以天网和地网为载体,有效地整合高等学校、行业、企业的优质教育资源,积极构建遍布各个领域和面向社会大众各种不同的学习需求的终身教育和公共服务平台,努力为全体社会成员提供不受时间和空间限制的各种高质量的教育和学习服务,这不仅是我国建设学习型社会的重大战略举措,而且是重要的基础建设。"

她的大量论述和许多观点,即使是现在重读,也会觉得不落后甚至仍然很超前。她思维的敏锐性、前瞻性特别是跟踪前沿深度学习和刻苦钻研的精神,令人折服。

(九)形成一系列宝贵的典型案例

她始终高度重视在终身学习实践中发现和培育典型案例,以此作为深化研究以及扩大研究成果实际成效的有力支撑。"1+5"开放大学试点工作的初步成功,就是她开放大学顶层设计思想具体应用的典型案例;教育部原副部长鲁昕交办、由她支持主抓的《中国终身教育蓝皮书:中国学习型城市建设案例(第一辑)》,就是她关于构建完整的终身教育体系思想在实践中取得成功的有力佐证,也是她的终身学习思想的实践成果的重要展示。

由此可见,在诸多同类成果中,她的著作不是束之高阁的理论,而是可以引领实践、彰显影响力的宝贵精神财富。

三、郝克明终身学习思想特点和研究品质

在终身学习这个全新领域辛勤耕耘的过程中,郝克明彰显了鲜明的科学思想特点和科学研究品质。

(一)郝克明终身学习思想研究的特点

阅读郝克明终身学习思想研究成果,字里行间可以深刻感悟到鲜明和特殊的科学研究品质。

1. 坚持研究的系统性、持续性、科学性。

郝克明终身学习思想既是她在教育领域多年积淀的丰厚研究成果的

深化和延伸,集其几十年研究成果之大成;又通过各类成果相互间不断地综合、拓展,使原有的成果达到了科学的新境界。

她对终身学习的研究并非突发的念头,而是有着深厚的思想基础。20世纪八九十年代,她的诸多主张和结论都闪烁着终身学习思想的火花。同时,她将新的终身学习理念注入原有研究成果导致其内涵变得更加丰满。例如,她并不满足于"九五"期间对中国教育结构研究所取得的成果,明确地指出,"教育内部各级各类教育,特别是普通教育和职业教育之间,尚未建立起良好的相互沟通和相互衔接的关系;在职人员培训和继续教育还比较薄弱;社会成员的非学历、非正规教育需求还未得到应有的重视"。这说明她找到了解决上述难题的钥匙——建立结构功能多样化的终身教育体系是调整的方向。

2. 重视国际比较,把握基本国情。

郝克明多年始终高度重视和跟踪国外终身学习理论思潮与实践成果,认真借鉴世界先进思想、先进经验。自2000年9月至2011年11月,她先后发起、策划或参与并作主旨演讲、专题报告的各类国际会议多达16次。

她在2010年5月上海国际终身学习论坛的报告,引起在场的国内外同行专家的积极反响。就此她亲自执笔写作《关于上海国际终身学习论坛学术研讨情况的报告》,全面概括了当代终身学习思潮发展和建设学习型社会的特点、趋势及其对我国的影响与对策建议。刘延东同志对此给予高度评价。

同时,她又不主张盲目地学习国外、"言必称希腊",强调我国终身学习体系和学习型社会的建设,在借鉴世界终身学习经验的同时,要从我国国情和不同地区的特点出发。因此,她的终身学习思想既与国外终身学习思潮有关,又非照抄照搬,而是在对我国基本国情深入调查研究的基础上的开创性、拓展性、系统性的研究,是世纪之交国内外终身学习理论研究成果的重要组成部分。

3. 以深入、扎实的调查研究支撑研究的结论与成果。

为了深化终身学习研究,她不辞辛劳,风尘仆仆,足迹遍布17个城市。她所开展的大量调研、考察,成为奠定她研究成果的雄厚实践根基。

4. 坚持为决策服务的根本方向。

围绕中心、服务大局是她所推进的研究课题的根本出发点。基于丰硕的研究成果,近年来她主动提供了十多份各类决策咨询建议报告,为制定重大教育战略决策作出了积极的贡献。例如,她的一些重要思想和主张几乎原封不动地写入了党中央、国务院发布的教育规划中。

她还积极为地方政府以及教育机构的决策提供帮助。2007年,她应邀到上海,就上海市委、市政府制定终身学习规划给予了全面和系统的指导。上海市终身教育体系构建及学习型社会创建实践活动在全国名列前茅,与她多年的跟踪回访和直接指导密切相关。2004年,她率领专家组协助辽宁省研究终身学习推进计划,地方政府深受启发。2012年,她到云南,马不停蹄地下基层调查研究,就电大的战略转型提供了重要的构思,在当地激起"全省办好开放大学"的热烈回响。

(二)郝克明终身学习思想研究的品质

郝克明在探索终身学习实践中的点点滴滴,都体现了她的优秀品质。

一是"以公为大"。

所以,她敢于谏言,刚正不阿,襟怀坦荡。她具有鲜明的原则性,同时自觉地修正自身的不足。她直截了当地批评人,有时还颇为尖锐,但是被批评者深感她出自公心,是恨铁不成钢式的批评,是良师益友的关爱。她具有高度的事业心、强烈的责任感,不用扬鞭自奋蹄,几十年如一日,废寝忘食地耕耘,像年轻人一样挑灯夜战,奋力拼搏,殚精竭虑。

二是"求真务实"。

她深入调查研究,经常就具体问题刨根究底,绝不搪塞含糊,不遗余力地"求真情""求真知""求真理"。"求真务实"是她终身学习研究的核心理念,也是她一生奋斗的真实写照。凡是重大命题、重大结论,她都是一遍又一遍地研究、推敲、求索,永不自满,从不侥幸。她一生的研究生涯和治学方式深深打上了坚持真理、科学严谨的烙印。

三是"崇尚创新"。

她始终以特殊的敏锐和不寻常的洞察力,观察新思想、新事物、新科技,从中感悟出它们对教育产生的影响。她在国内最早高度重视并紧跟哈佛、斯坦福等国际著名大学推出大规模在线开放课程的重要动向,揭示信息技术与终身学习思潮的结合将给人类教育带来深刻变革的重要趋势,反复呼吁各方予以重视,抢占先机,抓紧行动。

四是"一丝不苟"。

她做事高度认真负责,所有重要研究报告,都亲自执笔,大到战略设计,小到文字、标点,反复推敲、仔细斟酌。

五是"包容亲和"。

她是教育界公认的"大家"之一,但是绝非高不可攀,而是平易近人、不耻下问。凡重大事项,她总是希望听到更多不同的观点、意见和建议。无论是大国工匠还是平民百姓,专家教授还是博士硕士,行业领袖还是高等学校同仁,省委书记还是市局领导,国内行家还是国际友人,大家都愿意与她沟通交谈,聆听她的思想。她在研究生涯中,结交了各领域的专家、学者,大家在与她的合作中相得益彰。总之,她从不孤军奋战,团队合作是她深入研究、成果累累的"秘密武器"!

四、郝克明终身学习思想的重要贡献

重读郝克明多年前的论述,至今仍然振聋发聩。与书斋中有些充满浓浓书卷气和深邃思辨的研究成果相比,她的终身学习研究成果则别具一格,可谓置身于改革开放的大潮,把握着时代进步的脉搏,明示着总揽全局的方向,洋溢着催人奋进的激情!

第一,为逐步形成中国特色终身教育理论体系作出了重要的贡献。

郝克明终身学习思想内容之新、涵盖领域之宽、现实针对性之强、与决策距离之近,实属同类研究成果之少见。她的成果与国内其他终身学习同行专家的成果一起,为逐步形成中国特色终身学习理论体系奠定了重要的基础。

她的著作以很大篇幅,就为什么要建设、怎么样建设以及建设成什么样的学习型社会、学习型大国等重要命题,作出了全面、深入的分析与回答。其中许多内容具有重要的指导意义。

第二,为以终身学习思想引领学校教育改革作出了重要的贡献。

终身学习与各级各类学校教育改革的关系是一个全新和复杂的命题。就此,她已经清晰地勾勒出相互间紧密关联、互动变革、叠加发力的"路线图",不仅对于深化各级各类教育自身的改革具有启迪,而且对于按照中央关于深化教育领域综合改革精神而进行"零件的总装",具有启发意义。

第三,为大力推进继续教育作出了重要的贡献。

她紧跟时代步伐,把继续教育作为构建我国终身教育体系的一个重大命题进行了全面系统的研究,将我国多年来传统的成人教育研究提升到了继续教育研究的时代高度。她的成果有利于国家制定新的继续教育发展战略。

第四,为探索具有中国特色开放大学建设新路作出了重要的贡献。

国内研究国外开放教育发展已有多年历史。她后来居上,敏锐地指出了引入国外开放大学、开放教育模式对于传统电大系统的战略转型,对于为广大学习者提供更多优质资源及深造的机会,对于构建终身学习"立交桥",对于完成继续教育任务具有重大意义。同时,她又特别强调,学习国外务必紧密结合基本国情,不能简单地照抄照搬。她多年来与国家教育咨询委员会终身教育组的委员们,为办好中国特色开放大学倾注了全力。"1+5"开放大学所引发的全国电大系统改革创新的浪潮一发而不可收,积极成效显而易见!

第五,为全面推进学习型城市建设作出了重要的贡献。

根据教育部领导及部党组的部署,在她的直接指导、推动下,全国学习型城市建设呈现出鲜明的特点。一是案例城市普遍将建设学习型城市工作列为加快建成全面小康社会的重要保障。二是各城市从多年主要推进社区教育、成人教育、老龄教育,开展精神文明建设及全民终身学习周等活动,发展到全面推进学习型城市建设。三是学习型城市建设已经从历来主要由教育部门尤其是成人教育部门负责,逐步发展到以教育部门为主,党委、行政多部门齐抓共管的大格局。四是案例城市注意紧密结合各市经济社会发展、人力资源开发以及构建和谐社会等战略目标,围绕中心,服务大局,崇尚创新,注重实效,努力探索具有地方特色学习型城市建设的新路。五是许多案例城市将开放大学及其分支机构推向前台,发挥它们在构建终身教育体系中不可替代的作用。总之,我国学习型城市建设呈现出多年少有、全面推进的好势头。《中国终身教育蓝皮书:中国学习型城市建设案例(第一辑)》在北京"首届国际学习型城市大会"推出,集中展示我国学习型城市建设的经验和成果,还是第一次。这是中国学习型城市建设迈向新阶段的重要标志。在回顾中,人们不会忘记郝克明先生为此所付出的无比辛劳和巨大贡献!

多年来,我作为郝克明研究团队中的一员,有幸长期直接参与了她领衔的多项重大课题研究。她的学识和理论功底、她的研究和思维能力,特别是她的人格和道德品质,给我深刻的教益。

需要指出的是,郝克明先生经常十分谦虚地强调,所有研究成果都是大家共同努力的结果。这是事实,但是,笔者认为,就整个研究而言,她始终起着总揽全局、顶层设计的作用。特别需要说明的是,其中不少原创性的核心理念都是由她深思熟虑、率先提出、亲自执笔撰写再修改定稿,她还发挥了对所有重要研究成果进行整体把关的重要作用。

由笔者发起、中国教育发展战略学会与国家教育行政学院主办、教育部原副部长郝平同志直接批准,2013 年 9 月 13 日隆重召开了"郝克明教育科研成果研讨会",这不只是对她本人研究成果的一种认可,更重要的是引起了各级政府部门和广大教育工作者对于学习、研究、实践终身学习思想的重视。

应该看到,我国弘扬终身学习理念、推进学习型城市建设虽然取得了积极的成绩,但是,仍然存在着不少问题和不足。一是社会和各级领导对终身学习重要性、必要性的认识还需要深化。例如,至今自觉不自觉地将终身教育仅仅当作成人教育的倾向还普遍存在,整个学校教育系统,特别是"重量级"大学对于推进和引领我国学习型社会、学习型大国建设的自觉性、主动性、积极性、创造性还亟待提高。二是普通教育、职业教育、继续教育等各级各类教育的融通、衔接还很不够,构建终身教育体系的任务还相当艰巨和繁重。三是终身教育立法滞后,政策很不完善,还缺少有效的激励机制。四是缺少质量评价和监控体系,终身学习的质量需要提高。五是终身学习的技术、手段和方法还比较落后。六是从中央到地方政府还缺少终身教育宏观管理和综合协调机构。

综上所述,认真学习郝克明终身学习思想,有助于对上述问题提出系统解决方案,对于全面理解贯彻习近平总书记在党的二十大报告提出的"建设全民终身学习的学习型社会、学习型大国"重要精神,推进教育改革与创新,加快建设高质量教育体系,努力实现中国特色教育现代化宏伟目标,具有重要的启迪!

2023 年 1 月

季明明:国家行政学院教务部原主任,全国干部培训教材编审协调小组经济和管理教材编审委员会委员、办公室主任。

终身矢志报国、夙夜踔厉研教、毕生垂范师表
——追忆教育发展战略学家郝克明老师

叶之红

1986年11月,我还在厦门大学高等教育研究所85级研究生班读书,因为是所里唯一的女生,按照支部书记陈炳三老师转达的学校安排,到校招待所去找前来参会刚刚入住的郝克明老师,看看她有什么需要帮助的事情。

径直跑去懵懂地敲开她的房门,瞬间被她自带光芒的仪态仪容闪得好似大脑断片一样。由于父母在省文联、省文化局工作,我自幼见过太多的漂亮阿姨,但是如此仪态万方的气质气度气场,却从未曾见到。

她专注地听完我的介绍,立刻笑着说:你看你穿着半袖衬衣和半长裙子,而我是毛衣、毛裤外加呢子大衣飞过来的,真没想到厦门和北京的温差这样大,我正捂汗呐……她好像对老熟人说话一样的语气,又立即给了我可以平视、不必紧张的舒缓感觉。

因缘际会,经过考察,我确定了自己毕业后的工作去向,转年7月就到她领导的国家教委政策研究室报到了。在她的领导下工作,便再难有机会和她谈天说地,因为她在工作状态中满脑子都是党和国家的前途命运,满脑子都是宏观教育战略研究需要厘清的问题,满脑子都是整合聚集团队力量共同努力奋斗。

而今三十六年过去,回想第一眼惊诧她外表容颜的光彩照人,恰似她内生内守的精神境界,而与她相处相知越久,就越能体味出她人格、人品、

人性的高贵。个人职业生涯中能遇到这样的好前辈、好领导、好老师,实乃人生幸事。

郝克明老师有一种工作精神,只要讲战略、论教育、谈工作,总是会站在党和国家前途命运的高度去思考、去理解、去表达。最初的感受是由衷敬佩,习以为常后甚至生出几分负重之累,久而久之才能发现,这种思想品质对于做好教育战略及政策研究是何其珍贵。

20世纪80年代,走出"文革"阴霾的中国百废待兴,在邓小平同志为核心的党中央领导下,为实施经济振兴、科技引领和教育支撑三位一体重大战略部署,国家进入推进三大体制改革的关键期。

那时,郝老师领导推动的一系列宏观教育战略研究项目,都是关乎国家教育体制改革的重大战略问题,都是涉及教育发展机制创新的宏观政策研究。为调查全国各行业人才需求的具体素质、规模、要求,有关项目跨界组织了国务院各部委共同参与调研;为尽快解决高层次应用型人才短缺的问题,有关项目发动了部分行业、产业、企业共建协同高校合作育人的教改试点;为尽快跟上世界发达国家教育发展的步伐,有关项目开辟了与主要发达国家最权威的教育战略专家保持密切联络的渠道及交流机制……

在郝老师身边工作,价值意义感自然显而易见,而每当部署工作任务,总会聆听到她见微知著地讲意义,大致是由确保青少年学生成长成才说起,再谈到家庭期盼及人民利益,最终一定是联系到党和国家的前途命运,可以说不讲透这一点,"战前动员"便不会结束。记得我第一次领任务,听完她的"宏大叙事","压力山大"地感到大脑空空,无法掩盖自己初出茅庐的能力恐慌。其实,如果能屡次三番获得这样的耳提面命,对于提升自己从事教育宏观战略研究的素质水平,显然是最好的"工作第一课"。

因为可以耳濡目染地观察、学习、体会她的精神境界,工作后很久我仍然称呼她"郝老师",总是不习惯像大家那样平起平坐地喊她"老郝"。或许我们每一个同事在她身上学到的东西各有侧重,于我而言,最触及灵魂的感受,就是她那为党和国家的前途命运高度负责的强烈使命感,从事教育战略及宏观政策研究,已然是她为国奉献、为党分忧、为民造福的坚定志愿。

经常会听到郝老师介绍一些老前辈、老领导的好思想、好作风、好品行,却从未曾听过她自吹自擂。几年前看到她在发展中心党支部的党课记录稿,其中叙述了她解放初激情燃烧的青春年华、文革历经沧桑的无怨无悔、改革开放后不忘初衷的坚定信仰,这应该就是她时刻以党和国家的前途命运为己任的思想动力。

或许是满脑子的家国情怀已经超负荷了,她从不会闲聊家长里短、世故是非,别说柴米油盐,即便琴棋书画也很少听她谈起。她的生活近乎是除了教育"无问西东",除了研究"无所事事",除了工作"无欲无求"。不知是不是因为她讲过周总理对待工作极其严谨认真的故事,追忆她的往事,耳畔好像总是回旋着《你是这样的人》的旋律。在我心里,郝老师也是这样的人:人格上毫无私念、私利、私欲,人品中保持纯洁、纯良、纯粹,人性里追求至臻、至善、至美……

郝老师有一种过硬的工作作风,她那超人的使命感和责任心,总是会化为工作中超乎寻常的严肃、严谨和严格。她领导调研项目,会认真把控全部环节、全部阶段、全部进展,其中找不出丝毫的轻慢、敷衍或怠懈。相反,她总是时刻保持着激昂旺盛的精神状态,富有创意地选择调查研究方法,深入知名企业组织调研人才需求,邀请国际知名学者共同探讨教育改革发展中的大趋势,组建由教育各领域知名专家组成的咨询委员会,定期共同就教育改革的重大战略问题集中专题论证。她是为国家教育决策科学化、民主化作出卓越贡献的杰出领导者。

她工作上严谨认真的态度,更多地表现在对调查研究工作环节的高度重视。她对部分部委领导同志做过"程门立雪""三顾茅庐"式的上门听取意见,她以真诚的人格魅力动员组织了浩大的教育战略研究力量,在跨界协同合作推进教育发展战略研究方面,无论是深度还是广度,都可以说是创造了人文社会科学研究的奇迹。

她总是创造机会咨询发达国家权威教育专家的意见，并由此开拓了许多国际教育交流合作重大项目，包括与美国卡内基教学促进基金会的合作交流。她带着《中国教育地图集》受邀去美国高校讲学，是改革开放后教育领域最早走出去讲述中国教育故事的探路者和引路人。

她领导的研究项目不仅能高举高打开好局，也能扎扎实实出成果，并且在成果多、批示多、获奖多几个方面遥遥领先，这要归功于她对研究成果质量的高度重视。她总是对报告、论文和专著等文稿不厌其烦地字斟句酌，甚至审改全文。她总是白天高强度工作后，携带文稿回家继续锱铢必较式的挑灯夜战。她还习惯于在上台讲话前的最后一分钟结稿，习惯于即使在讨论会上做一般发言，也要认真准备，绝不空谈。

在她的领导下工作，我们各种学习机会很多，各类学习资源丰富，各方指导专家一流，成长环境极其可贵。在我前后到政研室工作的年轻同志，都"进步"很快，有些还走上重要的领导岗位，而时时引导、鼓舞、激励、鞭策着我们的郝老师，岗位变动不大、职级从未提升。同时不变的是她的工作精神和作风，甚至愈老弥坚，50岁、60岁、70岁、80岁，基本看不出她工作上精气神的变化，前沿引领性的宏大项目不减，成果分量甚至屡有突破，她做出了终身学习的最好示范。

郝老师超负荷运转的工作强度，从不影响她对人的重视和关注，她肯定是没有时间和你温情脉脉，为工作着急时也可能会有简单化的直来直去，但是接触越多越会感觉到她内心的温暖，她经常会忙里偷闲地送些温暖给你。因此，她其实是很会带队伍、拉同盟、找友军"共同参战"的。

在郝老师的领导下，国家教委政策研究室队伍阵容一度极为强大，8位司局级干部藏龙卧虎，各处室领导也个个是强将。在外围，有些中外专家学者在接受过她的咨询访谈后，自然而然地成为与她长期合作研究的好朋友。她甄选邀请加盟学术咨询工作委员会的委员，在教育界都有很大威望。

我一直以为郝老师是中文系出身，以为她做教育研究原本属于外行，却不知其实她出自教育学世家。她的父亲是20世纪20年代公费留学斯坦福教育专业的留学生,回国后在教育领域特别是师范教育领域作出了很大贡献,还曾经出任西北师范学院院长。我退休后协助她整理她父亲的学术生涯资料时,才知郝老师应该是有教育研究的"童子功"的。回想我们在她面前的盲目自信,实在是有些汗颜。

我退休后曾经帮助郝老师整理过一个特约征稿,那是周洪宇教授主编的《教育奠基未来——新中国教育70年70位教育人物》约稿。郝老师屡次被评为国内最具影响力的教育战略及政策研究专家,教育界对于郝老师的卓越贡献,已经有充分肯定和高度评价,我只需综合各方面领导及专家学者的相关评述即可。形成近万字的初稿后,经过她本人修改定稿,最终提交了《恪守初心铭记使命 推进教育战略研究——记当代中国教育战略学家郝克明同志》一文。文稿对她的生平履历、研究成果和实践贡献,进行了比较全面系统的介绍。

三年疫情不断封控,和郝老师的联系全部转为微信,而且皆是报喜不报忧,只交换轻松快乐的信息。待到医院里相见,她应该已经认不出满头白发的"小叶",无论如何讲述过去的故事,无论如何转达来自各方面对她的关心问候,她总是既保持专注的倾听,又保持着无喜无忧的淡然。只有她突发心衰,和她保持密切工作联系的老部下们赶到医院,她才明显流露出情感上的依依不舍,那应该是她想到了曾经为之不懈努力的事业。在生命的最后时光,她始终保持着视死如归的静默,那种坦然面对生死、无惧万事皆空的安详神态,像极了另一个世界还有着更光明未来的等待、来世还有着更大使命的担承。

追思不断,纸短情长。其实,有太多年没有叫过她"郝老师",在此万般难舍的告别之际,终于可以得偿所愿地好好叫上几声"郝老师"。这份师恩,绵绵长长,永世永生……

叶之红:中国高等教育学会原副秘书长,原国家教育发展研究中心研究员。

永远的怀念:缅怀老领导郝克明主任

马陆亭

三天前这个时候,国家教育发展研究中心的创建主任,我国教育发展战略和宏观政策研究的开创者,我们敬爱的老领导郝克明先生,永远地离开了我们。

老领导对我们要求很高,但为人亲和。我们发展中心的同志都一直亲切地称她为"老郝",印象中自己每次见到她的第一句话也都是"老郝好",打电话发信息的开头也都是"老郝好"。记得我刚到发展中心工作时,曾经问过办公室主任,说我们小字辈这么称呼领导合适吗?主任说老郝自己也喜欢大家这么叫她。后来想到,郝即好,老郝一直是我们的好领导,所以就一直这么称呼她。

老郝是教育部(国家)教育发展研究中心的创始人。教育部教育发展研究中心早期更多使用的名称是国家教育发展研究中心,它是在《中共中央关于教育体制改革的决定》发布后,国家为适应"加强宏观管理、转变政府职能"的需要而建立的机构,由中编办批准设立。我于1995年调入发展中心工作。

跟随老郝工作期间,有几件事我印象非常深刻。一是在我到发展中心参加的第一次全体会议上,老郝亲切握手并告诫我在工作中不要忘记头顶"国家"二字,后来也多次听老郝这样告诫大家。二是在1996年发展中心成立十周年举办的学术活动期间,我看到了许多国家领导人的题词,参加了记者对老郝的访谈,引导记者开展了对潘懋元、田长霖等国内外学术大家的采访,进一步加深了对发展中心工作性质的理解。三是多次听老郝谈起过去开展研究的一些具体经历,如"应用学科高层次专门人才培养途径多样化研究",在研究思路、研究方法上给我们以针对性的指导,使我们对如何开展教育宏观政策研究有了更深的认识。四是跟随老郝具体开展了一些调查研究工作,对老郝深入一线的工作作风有着深刻的体验。例如2006年她带领我们到上海、深圳调研"高新技术企业创新人才素质与培养",我们仅在华为就待了三天,与公司的高层、中层一个一个地面对面交谈。从深圳回北京时她在飞机上还一直指导我研究的重点是什么,要知道那时候她其实已是七十多岁的世界知名的教育大家。

老郝是一位有战略眼光的政策研究领路人,我初步体会她在学术上有以下几个特点。一是站在国家的角度看教育,她不仅经常提醒我们"国家"二字的重要性,而且在她的每项研究中都有所印证。二是跳出教育看教育。她的许多研究都是从世界趋势、经济社会发展的角度入手的。三是前瞻性的战略思维。她提出的研究项目基本都是重大战略议题,如高等教育结构、高层次人才培养、技术创新人才培养、终身教育体系都是当时最前沿的议题。四是重视一线调研工作,经常带队下基层、组织各类座谈会等。五是重视以大规模数据为支撑的实证分析。记得二十多年前有一次开展大学毕业生调查,因时间紧向相关省份和学校特快专递了上万份调查问卷。六是重视国际合作。20世纪90年代发展中心与美国、俄罗斯等国的教育智库密切合作,多次召开国际研讨会。七是重视文字工作。提交文稿或研究报告她都亲力亲为修改把关,并多次告诫我们不能出一点文字错误。她在这几个方面都达到了别人难以企及的高度,同时也是我们后辈研究者应该努力学习的方向。

另外,老郝重视提携后辈。我刚到发展中心的时候,当时单位的中层骨干多是比我年长不多的正处于三四十岁黄金时代的中青年,保证了做事创业的活力。我本人的高级专业技术职称也都是在发展中心晋升的,39岁时通过了教育部统一组织的研究员资格评审,当时是单位最年轻的正研究员。记得获人事司批文后,老郝还当面勉励我要不断前进。

面对"十四五"时期教育改革发展的需求,前几年发展中心开展了"新时代教育结构体系研究"。目前,这项研究成果已在教育科学出版社出版,算是对老领导的学术继承和精神怀念。

老郝永远是我们教育政策研究者的精神灯塔。

2023 年 1 月 15 日

马陆亭:中国教育科学研究院副院长,原教育部教育发展研究中心副主任、学术委员会主任、研究员。

第一部分 悼念文章和发言辑录

斯人已去,音容宛在,风范犹存
——深切缅怀郝克明老师

张双鼓

郝克明先生是我国当代著名的资深教育战略家,创建了国家教育发展研究中心和中国教育发展战略学会。郝先生长期致力于中国教育发展战略和重大政策的研究,在教育研究领域具有崇高的学术地位,享有盛誉。

一、为学会的学术研究和发展奠定了基础,指明了方向

郝克明先生非常重视学会的学术研究。她经常告诫我们说,中国教育发展战略学会要紧紧围绕我国教育改革和发展的实际,对教育与经济社会发展的核心问题和重点领域,开展具有前瞻性、全局性的教育改革发展的战略研究,要对推动教育事业科学发展和政府教育重大决策作出积极贡献。

郝先生提出,学会的学术研究要紧密贴近国家和地方的重大教育决策,应具有跨学科、跨部门和综合性、全局性的显著特点,要坚持以人为本,从教育角度提出和研究问题,注意研究教育发展的自身规律。教育科学特别是教育发展战略研究是实践性很强的科学,源于实践,才能指导实践。教育发展战略研究需要集中多领域、多学科、多部门的专家学者和实

际工作者的智慧,加强教育领域的专家学者之间的合作与交流。郝先生的教诲至今依然具有重要的现实指导意义,中国教育发展战略学会应该认真遵循。

郝先生将学会的未来发展视为自己的生命。她多次对学会领导说,现在申请成立分会的人愈来愈多,建立分会一定要注意具备战略性和前瞻性要求,要严格把好关,要对学会负责,宁缺毋滥,不要怕得罪人。

郝先生十分重视国际教育交流,在她精心策划和大力推动下,学会与国外一些著名的院校和教育研究机构建立了友好的交流关系,特别是与联合国教科文组织成功合作举办了一系列有影响的国际会议,为促进我国教育研究走向世界作出了重要贡献。

二、中国开放大学的开创者

2013年1月31日,教育部召开首届全国教育科研工作会议,明确教育科研主攻方向。时任教育部部长袁贵仁说,每年我国发表的论文不少,但是没有多少论文能成为国家的政策。郝先生的教育科研成果卓有成效地指导了中国开放大学体系的筹备建立,她被誉为"中国开放大学的开创者"。

郝克明先生提出,高等教育结构调整应打破单一化,实现多样化、综合化、普及化、大众化。制度创新是实现高等教育结构改革的必要保障。《国家中长期教育改革和发展规划纲要(2010—2020年)》决定"办好开放大学"。郝克明先生作为国家教育咨询委员会终身教育体制机制建设咨询组组长,始终将开放大学建设列为首先深入调研和咨询的重点领域。她带领咨询组多次深入上海、北京、江苏、云南、广东等地和正在试点的国家开放大学以及上海等地五所地方开放大学进行调查研究,并参加了这些开放大学试点方案的研究和讨论。咨询组在调研工作中,引导正在进行开放大学试点的工作人员,全面理解把握教育规划纲要精神,坚持试点工作的正确方向,并对试点工作提出具体的意见和建议,受到试点学校的重视和高度评价。咨询组还以多种形式及时向教育部领导汇报情况、沟通信息,为教育部决策提供重要依据。

时任国务委员兼国家教育体制改革领导小组组长刘延东和教育部党组一直十分关心开放大学的建设和发展。国家教育体制改革领导小组将探索开放大学建设列为20个重大改革项目之一。2011年4月,教育部部长办公会专题研究开放大学试点工作部署。5月教育部党组会审议和原则通过了《国家开放大学建设方案》。8月,教育部成立国家开放大学筹备委员会。

北京、上海、江苏、云南、广东等地开放大学建设试点工作都得到了当地党委、政府的高度重视。在开放大学建设试点工作中,各地努力结合本地经济和社会发展以及建设学习型社会的要求,整合优质资源,形成特色课程,提高人才培养质量,并按照先易后难、边研究、边实施的原则推进试点,取得了可喜的进展。

2012年7月31日,国家开放大学、北京开放大学、上海开放大学正式成立,标志着我国开始了建设中国特色开放大学的征程。郝先生在三所开放大学成立大会上说:"建设开放大学是十分复杂的社会系统工程,需要经过长期和坚持不懈的努力。今天三所开放大学的成立,只能说是战略性转变的开始,未来的发展任重而道远。衷心希望开放大学在新的历史起点上,再接再厉,进一步加强科学谋划和高标准设计,积极推进信息技术与教育教学的深度融合,深化教育改革,为努力建设具有一流水平、中国特色、充满生机和活力的开放大学,作出积极的贡献。"

不久,在郝先生指导下,江苏开放大学、云南开放大学和广东开放大学也先后成立,形成了中国开放大学体系建设1+5的发展格局。

三、亦师亦友,郝克明老师永远活在我们心中

1972年,郝克明老师担任北京大学东语系印度语言文学专业党支部书记,那时我是70级印地语二班党小组组长。她非常关心学生的全面发

展,经常与学生谈心,关心学生的学习与生活。有一次她看到不少同学献血,就亲自为他们熬了一大锅姜糖水,同学们至今对此仍念念不忘。郝老师熟悉印度语言文学专业的老师和70级、71级印地语学生,不仅记得他们不少人的名字,而且还能说出东语系一些老师的名字。每当我和郝老师聊起东语系师生的人和事时,她都很开心,有时还忍俊不禁、朗朗大笑。东语系的老师得知我与郝克明老师在一起工作,有的让我转达对郝老师的问候,有的让我转交他们的新作。70级、71级印地语同学聚会时,都向我打听郝老师的身体状况,并托我转达问候。在向郝老师遗体告别的大厅,70级、71级同学献上花圈,寄托我们的哀思。

1974年7月我毕业后,不论是在北京大学任教,还是在中国驻外使馆工作,仍然保持与郝老师的联系,完成她交给我的任务。1992年我被借调到驻印度使馆工作,其间她随中国教育代表团访问印度。也许我的工作给她留下了印象,她动员我调到教育部工作。1996年回国后,在郝老师和教育部有关领导的鼓励下,我决定调离北大。当时北大校、系领导以种种借口不放我走,她为此写信给北大主管人事的党委副书记。1997年12月,我被调到中国教育报刊社《神州学人》编辑部担任副总编辑,主持工作。

2012年5月,郝先生得知我退休后,就打电话责怪我为什么不去看她。第二天,我急忙来到她的办公室。她一见面就说,战略学会的秘书长与教育学会和高教学会的秘书长一样是正司级,你符合条件。她说,已与部领导沟通过,让你担任副会长兼秘书长。我说,此事需要同家人商量后才能决定。她说,那好,你们商量吧。后经与家人商量,我每周去学会两三天,协助筹备第二届理事会大会。

2012年6月25日第二届理事会成立后,我开始了与郝克明会长共事的岁月,我由此能够切身体会她的工作风格和关注重点。郝克明会长经常对第二届理事会领导说,学会首先要抓好教育科学研究,做好部党组的"智库"。郝会长要求我,一是协助她管理学会课题研究,二是要参与课题研究。2014—2016年,学会与经济学界联合开展新型城镇化进程中的教育战略与人才培养课题研究,谈松华研究员为组长,我为副组长。教育顾问为郝克明教授和闵维方教授，经济顾问为厉以宁教授和郑新立教授。这两项课题后来出版了9本研究成果。

郝克明会长对我要求很严格，批评远远多于表扬。有一次，她对我说：你在北大教过书，在《神州学人》、驻外使馆和教科文常驻团工作过，熟悉中国的教育，了解国际教育，比我们年轻；你是我的学生，我了解你，批评是因为你还有潜力没有发挥出来。她先安排我担任秘书长，接着是副会长兼秘书长、常务副会长兼秘书长、法定代表人。我一身兼多职，去学会从每周两三天到天天去。

有一天，她知悉我对天天来学会有怨言，就严肃地说，学会秘书长是专职，你要安心工作，不要有别的想法。在她的领导下，在学会其他领导的协助下，我与秘书处同仁对学会的工作进行梳理，纠错纠偏，陆续撤销和注销了违规和不合格的分支机构、培训中心和分支机构的三级机构；建章立制，建立各项规章制度。在教育部党组、有关司局的关心和指导下，在学会各分支机构和理事会员的支持下，学会的面貌焕然一新，得到理事和会员的一致肯定和赞扬。

郝先生对学会领导和秘书处人员非常关心，经常嘘寒问暖。2016年的一天，她得知内人刘学敏（也是郝老师的学生）生病，亲自登门看望，关心备至。我们对郝老师的感激之情难以言表，不禁热泪盈眶，至今难忘。

2023年1月13日，我们最敬爱的郝克明老师与世长辞了，斯人已去，音容宛在，风范犹存！郝老师安息吧！您永远活在我们心中！

2023年4月18日

张双鼓：中国教育发展战略学会原副会长、秘书长，中国教育报刊社《神州学人》原副总编辑。

深切怀念我在教育征途上的"贵人"郝克明先生

桑新民

教育发展研究中心举行的郝克明先生追思会,我未能参加,但老郝亲切的音容笑貌却总在我脑际回旋。我从难忘的往事中选出几个片段,以此表达我深切的怀念。

与郝克明先生初次相识,是在1987年北戴河召开的全国教育科研规划组成立大会上。当时我38岁,是规划组96位成员中最年轻的。我开始是在教育战略组,组长就是郝克明先生,大家都亲切地称她"老郝"。战略组人很少,都是教育战线经验丰富的老领导,他们相互都很熟悉,所以老郝对我这位参与教育战略研究的新兵就格外关心。当她了解到我的教育哲学背景,参加过山西省和林业部教育战略规划的两段经历,尤其是当时正在北京海淀区协助赵宋光教授进行未来教育实验研究的近况后,和我进行了多次深度交流。她的点拨、指导让我如沐春风,在她面前我也就无拘无束了。后来我转到教育基本理论组,老郝专门找我谈了一次话,详细介绍了教育部改为国家教委之后新增设的国家教育发展研究中心,希望调我去担任教育理论室的主任。我说当时我主要精力都在海淀区主持未来教育实验研究。没想到她很快就带领发展中心全体成员到我的实验基地进行了深入考察,并告诉我,国家教委李铁映主任希望教育发展研究中心不仅要研究国家的宏观战略,而且要深入到教育改革发展的微观,所以创建中的教育发展研究中心决定增设"未来教育实验研究室",让我负责这个室的筹建工作。我更想不到的是,这样一位和蔼可亲的老大姐每次在向别人介绍我的时候,都称我"老桑"。开始我真是诚惶诚恐,但当周围的人都随着她称我"老桑"之时,我才领悟到老郝的良苦用心,她这是为年轻人更好地在教育部机关开展工作创造独特的文化心理氛围。

在教育部的层次开展未来教育研究,必须把理论、实践、政策三者融为一体,把握好教育研究超前性、科学性、可行性之间复杂微妙的关系,其难度可想而知。但我在发展中心独特的体制、机制和文化建设中,深切体会到与我当时所在的北师大极不相同的视角。发展中心专职和兼职研究队伍中,既有来自教育部各司局的资深决策管理者,又有全国著名高校和科研机构的高层领导和相关专业专家学者,还有全国主要省市教育主管部门的现任和离退休的领导者,将这样一批中国教育领域稀有的智者筛选凝聚在一起,共同破解中国教育的关键性难题,人与人之间亲密无间,这显然需要极高的智慧与亲和力,体现了以郝克明先生为核心的发展中心领导群体的领导水平、领导艺术和人格魅力。发展中心还有一批青年才俊,生活工作在这种独特的教育文化氛围中,每个人的快速成长机遇是可想而知。我本人更是得到了老郝特殊的指导、培养和细致入微的关照。由于我家住北大,在海淀区实验基地承担繁重的未来教育创新实践,还不愿意放弃在北师大的教学岗位,老郝对此表示了理解和宽容,同意我的人事关系就放在北师大,并与北师大进行了沟通。她知道我每天骑自行车到教育部往返要两个多小时,特批我不仅不需要坐班,而且同意我把工作地点设在我所创建的海淀区未来教育工程研究室,未来中心最早的两位年轻成员的工作安排也完全尊重我的意见,这给我提供了极大的自由创造空间。研究室参与承担了国家许多重大教育战略决策的调研,如当时我国从高层决策到基层实践开始推进的"素质教育"和相应的课程改革与宏观、中观、微观联动的体制机制创新,谈松华副主任带着我直接参与了深圳教育发展战略研究等许多重大课题,这是在任何书本上和高校课堂中都学不到的鲜活知识和智慧。这一切都让我终身受益,终身难忘!

人生遇到这样一位"贵人",一位独特的恩师和挚友,是我的福报。可亲可敬的老郝离开了我们,但我仿佛听到了她在天堂的嘱托:你现在才75岁,所以我要改称你"小桑"了,你一定要把毕生独特的教育经历转化为资源与财富,回报给社会和我们的民族……相信老郝能听到我的回答:小桑听懂了,记住了,这是您始终记挂的未竟事业,也是中华民族的希望与未来!我们晚辈将以您为榜样,为此奋斗终生!

桑新民:原国家教育发展研究中心未来教育研究室筹办负责人,北京师范大学教科所原副所长、未来教育研究中心主任,南京大学教育研究院原网络化学习与管理研究所所长,教育学博士生导师,首届全国高校国家级教学名师。

怀念郝克明先生:永不忘却的记忆二三事

曾天山

2023年1月13日,晴天一声霹雳:郝克明同志与世长辞了! 在1月15日送别的那天,望着她熟悉的面容,我泪眼模糊,悲从中来,怎么也不敢相信自此阴阳两界。

郝克明是教育大家,是教育界耳熟能详的名字。她在别人眼里,可能只是个领导和学术大家的形象,但在我心目中,她既是我多年的领导,也是我可敬的师长,是可以亲切地称其为"老郝"的家人。她不仅是我的同事,与我有着两段共同工作的交集,影响了我的职业生涯,而且是我人生之路上的领路人。因此,她的辞世,让我深感震惊,无比惋惜!

我到教育部教育发展研究中心工作之前,就听到关于老郝的传说:她是教育部教育发展研究中心的创始人,也是宏观教育研究的开创者,曾担任教育部专职委员、全国教育科学规划领导小组副组长等要职。我在发展研究中心工作的五年和在全国教育科学规划办公室工作的八年,与她有了两段工作交集,有幸在她的领导下工作,得到直接的指导,受益终身。

一、创设和谐的工作环境

一到教育发展研究中心工作,同事们就告诉我,在这里对老同志、老领导一概以"老x"相称,同龄人用名字相称(三个字的用后两个字,两个字的直接用名字),对年龄小的以"小 x"相称。对此,我很惊讶,因为在学校里也常用职务相称,于是就反问道:"那郝主任怎么称呼?"同事笑曰:"当然是老郝呀,这是她一贯提倡的。"

与老郝的初次见面,记得是在教育部南楼她的办公室。见了面,"老郝"这个称呼怎么也出不了口,我还是比较稳妥地说:"郝主任,您好!"老郝亲切地笑笑对我说:"他们没有告诉你吗?中心一律称姓名,不论职务,以后慢慢就习惯了。"然后她就聊起了家常,自然而然地谈到了教育战略研究的重要性,历数了发展中心参与党中央、国务院、教育部(国家教委)许多重大决策的调研起草工作,包括改革开放以来全国教育工作会议重要文件《中共中央关于教育体制改革的决定》《中国教育改革和发展纲要》《国务院关于〈中国教育改革和发展纲要〉的实施意见》等,以及首次编辑中国教育地图集系列。她希望我迅速从基层学校工作向发展中心工作转变,加快从学校教育教学研究转向国家政策管理宏观研究,并特意推荐了她主持编写的《中国高等教育结构研究》《应用学科高层次专门人才培养途径多样化研究》等著作。

后来,我慢慢习惯了这样的氛围,也逐渐理解了老郝的用心:从亲切的称谓改善人际关系,营造轻松愉快的心理环境,调动每个人的积极性,激发工作的主动性、创造性。在这样的集体中,老郝既是单位的领导,又是可亲可敬的大家长,真心爱才,有求贤若渴、善待人才的心态;悉心育才,有引领把关、甘当人梯的格局;精心用才,有选贤任能、量才施用的胆识,奉行"有缘相遇,好聚好散"的原则。这样,即使中心的同事因为各种各样的原因离开,但也会召之即来、来之能战。

二、严谨求实的治学态度

共事期间,我曾被老郝点将参与她主持的国家社会科学基金教育学重大课题"中国教育结构体系研究"。在工作中,老郝多次告诉我们,要取得真经,实际上也是一家一家拜,一家一家求来的,费尽了千言万语,使尽了千方百计。这让我肃然起敬,以老郝这样老的资格,尚且为科研求真如此敬业,真是我们后辈的楷模。

20 世纪末期,我们进行高等教育发展规模的预测。老郝带领课题组反复论证应为 800 万人。为了说服一些领导专家,老郝专门带我去时任教育部教育规划办公室主任周贝隆家(在中科院物理所)。途中她指点迷津,让我用心听,认真记,兼听则明。到了周家,两位老朋友稍事寒暄,就直奔主题,开始了讨论。老郝从人的发展、产业结构升级、国际高等教育毛入学率比较等角度,论述 800 万人的必要性。而周则从国力支撑及未来就业考虑,主张 400 万人足矣,最多也就 600 万人。两人论来论去,谁也说服不了谁,我忍不住插了几句话,说老百姓都望子成龙,望女成凤,哪怕自己掏钱也想圆梦。老郝最后表态说,实践是检验真理的唯一标准,老周您今天有进步,至少不坚持 400 万人了,至于是 600 万人还是 800 万人,我们回去再研究,也报告您的意见。周表示同意,并一直送到门口。老郝之大气,之大度,给我上了生动的一堂课。

三、重视全国教育科学规划的导向作用

2003 至 2011 年,我担任全国教育科学规划办公室常务副主任,又成为领导小组常务副组长老郝的直接部下,经常去她家请示工作和送材料,也常请她出席评审会和年度工作总结会。老郝大力支持我的工作。

一是出面协调、理顺机制,向部领导争取了 100 万元科研经费,并首次实现了全国教育科学研究优秀成果奖与高校人文社科优秀成果奖(教育学、心理学)并轨,避免了重复申报、两边获奖问题。

二是协调首次评选教育科研终身成就奖。为进一步调动广大教育科学工作者的积极性和创造性,教育部批准评选教育科研终身成就奖,但评人比评成果复杂多了,我们缺少经验,也缺少可资借鉴的先例。老郝要求

我们好事办实,实事办好,要认真做好重要性、必要性、可行性论证,在名称、参评范围、参评标准等问题上反复斟酌,直接出面带我们向部领导请示汇报,与我们反复研究,让我专门征求潘懋元、顾明远等老先生的意见。最后顺利评选出11位德高望重、贡献突出、学界信服的学者专家,树立了中国教育科研史上的楷模。

斯人已去,风范长存,恩情长存!

曾天山:教育部职业教育发展中心副主任。

第一部分 悼念文章和发言辑录

郝克明先生的忧与乐

文东茅

这些年我一直在研究和推动幸福教育，更多地转向关注人的生命状态。在与老师、学生交流时，我曾问过大家："你们觉得孔子的一生幸福吗？"很多人说孔子怀才不遇、颠沛流离、早年丧父、晚年丧子，并不幸福；也有人说孔子是幸福的，因为他开创儒学、弟子三千、思想千年流传。我也问过大家："你们觉得王阳明的一生幸福吗？"同样有很多人认为王阳明疾病缠身、受尽诽谤、英年早逝，并不幸福；也有人认为王阳明是幸福的，因为他生于状元之家、战无不胜、开宗立派，成就了立德立功立言三不朽。大家都只能以自己的标准去揣测，并不知道孔子、王阳明自己的感受，所以也没有定论。

谁是幸福的？怎样才能幸福？郝克明先生不仅是我的博士论文导师，也是我心目中的高人、智者，是我最敬重的人生导师。为了解惑，也出于好奇，我曾带着类似问题问过郝老师本人。2020 年教师节，我和北大教育学院几位同事一起去她家看望她，当时她已经 87 岁，行动已略有不便，但思维清晰，热情洋溢，与我们交流了两个多小时，从她的求学、研究、与老友的交往到对时事、教育的评论以及对我们的要求、嘱托等，几乎无话不说。记得在结束交流前，我特意问了她："郝老师您觉得自己的一生幸福吗？"她几乎毫不迟疑地回答道："我觉得我这一生是幸福的，因为我不只是为自己而生活，而是始终在为国家教育事业努力奋斗。"听到这话，我并不意外，但仍然多少有些惊讶。不意外的是她说自己一生幸福，意外的是她给出的幸福的理由。

是呀,从常人的角度看,没有理由说她不幸福。郝老师出身于书香门第,求学北大,婚姻美满,儿孙满堂,健康长寿,聪明智慧;她事业有成,领导恢复了北大教育学科,创建并长期领导国家教育发展研究中心、中国教育发展战略学会,开创了中国宏观教育发展战略研究,作为重要负责人参与了教育体制改革、教育结构调整、学习型社会建设等多项国家重大教育政策的制定;她著作丰硕,享誉中外,研究成果多次获得国家级一等奖,被教育部授予"全国教育科学研究突出贡献奖",获得了美国哥伦比亚大学教育学院颁发的"教育与人类发展杰出贡献奖"。但是,她对所有这一切只字未提。不是说这些不重要,而是因为她最看重的人生意义、价值主要不是来自这些方面,她的幸福不在于自己获得功名,而是源自为国家、为社会不断的奉献和奋斗。

她的一生确实始终在为国为民而不懈努力。从"六五"到"十一五"期间六个"五年计划",她每个时期都至少主持一个国家重大教育科研项目;53岁推动成立国家教育发展研究中心并担任中心主任;72岁推动成立中国教育发展战略学会并担任会长;86岁还多次赴上海等地参加课题研究和评审。2004年,她曾说:"我今年已经71岁了。但是,当我在学校的课堂上、校园里,面对着一个个天真活泼的孩子对学习和求知的渴望和期盼,当我面对着拥有世界上最大教育资源的神州大地上许许多多教育改革的新生事物,当我面对着每天都在不断涌现的、需要研究解决的新的挑战和新的问题,我经常有一种激情在涌动。我想,只要我的身体不倒下去,我对新的知识的学习、我对教育的追求和探索的脚步,就不能也不应当停止。"她确实说到做到了。

她为什么要如此拼搏?是为财吗?权吗?名吗?显然都不是,这些她从不看重,也早已看透。哥伦比亚大学教育学院授予她"教育与人类发展杰出贡献奖",这是该院颁发的最高奖项,每次全球仅一人。对此,郝老师就非常清醒地指出:"我认为这不仅是授予我个人的,也是授予我们伟大祖国教育科学工作者的荣誉。我想,哥伦比亚大学教育学院之所以决定把这个奖章授给一个中国的教育科学工作者,主要是由于我和我的同行们所从事的教育和教育科学工作,是直接关系我国亿万儿童和青少年的发展和未来,关系中国和人类发展命运最重要的伟大事业。"这不是谦辞、套话,而是她的真实心理和认识,她确实就是始终把自己的工作、生命与亿万青少年的成长、与国家甚至人类的前途命运紧密联系在一起。郝老师是一个真正胸怀天下、忧国忧民的人,这正是她主动担当、不懈奋斗的磅礴的动力源泉。

以我的观察和了解,郝老师的一生其实一直是"忧心忡忡"的。她曾引述历史学家奥斯卡·韩德林的话说:"我们这忧患的地球再也承担不起禁锢在象牙塔里的奢侈研究了。学术必须证明自己的价值,不是以其自己的标准来证明,而是通过对国家和对世界的服务来证明。"出于对象牙塔中的学术研究价值的担忧,她在年近五十时离开北大,前往教育部政策研究室开启宏观教育政策研究这一新的职业生涯;由于担忧"就教育论教育"的局限和政策、研究的支离割裂,她大力推动对教育系统的宏观战略研究;由于担忧高校人才培养不能满足国家经济和社会发展的需要,她开展了"中国高等教育结构研究""应用学科高层次专门人才培养途径多样化研究";由于目睹各级各类教育缺乏有效连接沟通,心痛于孩子们千军万马过独木桥,她开展了"当代中国教育结构体系研究";由于担忧独生子女的素质和教育问题,她开展了"独生子女群体与民族竞争力研究";由于担忧国家错失信息技术变革引发教育革命的良机,她大声疾呼并不断推动网络教育和开放大学的建设;由于担忧普通教育与继续教育二元分割,担忧终身学习不被重视,她在耄耋之年投身于"建设终身教育体系和学习型社会的研究"。她担心学术研究脱离现实、缺乏说服力,所以在每项研究中都特别注重广泛深入的调查研究和国际比较;她担心课题结题、著作出版之后研究成果被束之高阁,所以总是不断上下求索,不仅向政府部门和相关领导呈递政策建议报告,也不断推动高校、行业、城市和区域开展教育改革试点;她担心研究论文、著作和政策报告的质量,所以总是亲力亲为、夜以继日,长期在失眠和疾病状态下伏案工作。

正因为有如此多的对国家和社会的"担忧",她才没有时间、精力和心思为自己担忧,她也从不畏惧艰辛、困难、挑战、权威和权势。梁启超在《最苦与最乐》一文中说:"那仁人志士的忧民忧国,那诸圣诸佛的悲天悯人,虽说他是一辈子感受苦痛也都可以,但是他日日在那里尽责任,便日日在那里得苦中真乐,所以他到底还是乐,不是苦呀!"我想这话用在郝老师身上也是完全合适的。郝老师的成功、荣誉和幸福就来自她的忧国忧民、悲天悯人、自觉担当。如此看来,郝老师的一生确实是幸福圆满的,她不仅获得了常人期盼的"甜中之乐",也得到了常人难以理解的"苦中真乐"。由此,我也更理解了她的忧与乐,她的奋斗与付出。

郝老师曾对我们说:"没有对教育事业的满腔热情和对科学的献身精神,没有对真理的渴望,没有不辞劳苦、不怕困难的奋斗精神和严谨扎实的学风,要想在教育科学研究领域取得成就几乎是不可能的。"美德才是成功的关键,这绝不是说教,而是她整个人生经历的真切体证。我很好奇的是:为什么郝老师会具备如此广阔的胸襟和崇高的美德?在很长一段时间,我都认为很大程度上是由于她所处的位置,因为她一直在教育部工作,担任的是"国家"教育发展研究中心的主任和"中国"教育发展战略学会的会长。直到有一天我读《大学》,才知道"克明"二字源自《尚书·尧典》:"克明俊德,以亲九族。九族既睦,平章百姓。百姓昭明,协和万邦。"看来,郝老师是带着"克明俊德"的崇高天命而生,也应该是带着"平章百姓""协和万邦"的尽责心安而去。她的一生,真实地展现了儒家修身齐家治国平天下的君子风范、大人之道。

每一次永远的告别都是一堂深刻的生命教育课。感谢郝老师的教导,您用一生的言传身教,告诉了我们何为真正的幸福、何为有意义的人生。请您放心,"为人民谋幸福,为民族谋复兴"也已经化为我辈和后辈们的初心和使命,教育一定会更美好,人民一定会更幸福。老师安息!

2023 年 4 月

文东茅:北京大学教育学院教授,北京大学社科学部副主任。

怀念老郝

丁小浩

一个人对他人的评价常常体现出自身的世界观、人生观、价值观和审美取向。我在准备这个发言的过程中,翻看了老郝在2018年写的《怀念老汪》一文,感悟颇深。

老郝把汪永铨先生当作知己,一开始就在文中写道:"人生得一知己足矣。"老郝的这个说法表达了对他们人生中的共同经历、事业上的相互扶持、精神上的彼此信任的深切认同。有言道,"知己"就是另一个自己,而这里的"足矣"不是套话!

老郝在文中提到:在成立北大高教室的那个时期,汪先生发现文科的许多文章议论比较空泛,许多观点缺乏客观的论证和论据的支持;不像理科研究领域,提出任何新的观点都要充分的论证和论据。老郝非常认同汪先生对研究方法论的观点,欣赏科学的态度和严谨的学风,她把汪先生视为自己"走上教育宏观研究科学道路的良师"。我觉得,这对纯文科背景出身、一直做政策类研究工作的她来说,在改革开放初期就能有这种认同并不是天经地义和理所应当的。因为老郝在中国教育界的重要地位,她的这种态度,对中国教育研究中科学方法的应用和普及有非常重要的影响,对教育研究成果的转化与政策落地起到了关键推动作用。以"全国财政性教育经费占国内生产总值4%"课题为例,从课题研究到写进国家教育发展纲要,老郝的作用不能低估。北京大学陈良焜教授是该课题研究的核心人员,他在不同场合多次对老郝的作用给予高度评价。当时老郝已经担任教育发展研究中心主任，也是1993年《中国教育改革和发展纲要》的主要起草人之一。在该课题成果的推广过程中，她的一系列安排、布局、策划充分体现了她对教育科学研究以数据说话的重视。她邀请陈良焜先生做技术支持，分析规划期内各级教育发展的规模、前景以及对应的教育经费投入的需求和供给分析，其目的是根据预测说服各界人士支持财政性教育经费的政策目标，并最终促成了将"4%"目标写入规划。老郝尊重教育科学研究，尊重研究者，是研究界和决策部门中间重要的桥梁，是一个了不起的教育发展战略家。

老郝对以数据为基础的研究也身体力行。她主持的一系列课题都非常重证据，重逻辑，我参加过老郝牵头的几个研究课题，对此深有体会。她强调做教育研究不能泛泛空谈，要在大量调查和分析研究的基础上做出结论。为了了解和研究我国企业员工在职学习培训和农村劳动者学习培训的状况与问题，她主持了"构建学习型社会和终身学习体系"课题研究，利用她在行业、地区、企业的广泛人脉，亲自组织课题组于2004年对9省154个企业的五百多名管理人员和八千多名员工及农村劳动者进行了在职学习培训情况的深入调查。她一方面重视以数据说话，同时也重视依靠证据挖掘出法律法规、体制机制等深层次的现实问题，特别强调站在战略的高度进行顶层设计并为政策服务。

老郝特别称道汪先生提出的五不唯，即"不唯上，不唯书，不唯中，不唯我，不唯风"，还特别强调了"不唯我"，反对研究工作中的学霸作风。她欣赏汪先生平易近人，能听取和吸收各方面的意见，看不到一点文人相轻的影子。而老郝自己在这一点上也给我留下了非常深的印象。老郝是对我职业生涯影响最大的几位重要人物之一，还是一位真诚、亲切的长辈。我是1984年开始工作的，老郝此时已经去教育部工作了。按说她位高权重，我这样一个平常多少有点社交恐惧症的普通研究人员，在她面前却没有过紧张，很松弛，甚至不怕在她面前暴露自己的肤浅和无知。我想这大概与我所感受到的她的品格是分不开的：她的精神境界，对待新事物开放的心态，无私和忘我，豁达乐观，生活情趣，特有的风趣和幽默，把功名利禄看得很淡,等等。这些貌似有些空洞的大词,我真觉得用在老郝身上很贴切。

老郝在《怀念老汪》中最后写道:"老汪无论是对教育科学研究的远见卓识、严肃认真的科学态度和他所作的重大贡献,或是对年轻后辈的精心培养和栽培提携,还是他的个人品德,都是我国当代教育科学领域非常难得的大师。"我在想,老郝自己又何尝不是这样的一位大师呢?

2023 年 4 月 18 日

丁小浩:北京大学教育学院教授,中国教育发展战略学会常务理事、学术委员会委员。

不辜负郝克明先生的期待

王 蓉

各位师友和同学：

从昨夜到此刻，我的心情一直不能平静。中国教育发展战略学会创会会长、2007年亲自决策依托当时成立还不到两年的北大中国教育财政科学研究所建立中国教育发展战略学会教育财政专业委员会的郝克明先生，于昨晚因新冠病情医治无效而不幸去世了。我提议，此刻在座的财政所同仁和在屏幕前的财政所弟子，为在过去几十年为中国教育事业发展与改革作出巨大贡献的郝克明先生，全体起立，默哀一分钟！

谢谢大家！让我努力完成我的致辞。为了今天的会议，我本来准备了一些话，想要给大家介绍这个会议背后的一些故事。例如，今天我们非常荣幸地邀请到了北京大学原校长林建华教授。还是在林校长去当重庆大学校长之前，您对我说："高校科技财政问题太重要了。我来当课题组组长，请你们财政所和北大科研部合作组成课题组，我们一起来研究研究。"今天我们有了一些比较扎实的研究成果，非常高兴您能够有时间来听一听。还有薛澜教授。2007年我们的团队撰写了关于中国基础研究财政制度体系的两个报告，团队成员之一在做了薛老师的博士后之后进一步完善了该报告。这些报告的主要观点之一是必须加大对于高校青年学者的非竞争性科研经费支持，这与后来出台的基本科研业务费政策不无关系。我也想说，今天我们特别邀请到了与教育、科技、人才相关的跨学科、跨部委的研究者和富有决策经验的政府部门背景的同志们，这两天的会议应该是值得大家的时间的。

但是,郝先生的去世让我沉浸在难过的情绪中,忍不住想和大家分享一些与郝先生相关的往事。我今天早晨特别找出来郝先生在教育财政专业委员会成立大会中的致辞,她说:"我衷心希望并且相信,在中国教育发展战略学会教育财政专业委员会的指导和推动下,依靠我国广大从事教育财政研究和实践的教育工作者与财政部门同志们的共同努力与合作,我国教育财政领域战略性、全局性重大问题的研究必将提高到一个新的水平,在推动我国教育财政体制与体系的改革、创新和发展,促进我国教育财政重大决策的科学化以及教育财政学科建设等方面,作出新的贡献。"这就是郝先生对我们的期待。

还有2012年之前的某天,郝先生夜里十一点给我打了一个电话,说了一个多小时。她上来就说:"王蓉,你说说实现4%怎么就这么难?"放下电话的时候我想,郝先生把"4%"的事情这样放在心上,把这个事情当成自己的事情,虽然在财政所我们每天的研究工作都多多少少与"4%"相关,但是她的这种心态却是我们所没有的。

我还记得郝先生第二次参加教育财政专业委员会会议的时候,当她看到会议原本计划邀请发言的一位司局级同志没有列在发言人名单时,立刻要求应有较高级别的行政系统同志在座并发言,我记得当时搞得张双鼓老师和我很是为难。在今天,我对她这样做有了更深的理解。

她屡次提到"为了教育这个人类最有价值、最有魅力的崇高事业",我想她做的一切,都是出于对于教育的崇高信仰。她以自己强大的意志力,以及长期从事政策研究所习得的对于学术与政治、学者与政府关系的洞察,知行合一,为中国教育事业的发展殚精竭虑,死而后已。正是她指出的教育财政研究的战略性、全局性的价值,给予我们财政所这个年轻的团队以自信、以底气,能够克服种种困难,走到今天。

我前几天与今天也参会的一位我非常尊重的师友说,我一直用"犬儒主义"哲学,努力促使我们财政所同事"将所有的教育财政问题都包装成为技术问题"。今天想到郝克明先生给我们的教诲,我感到深深的羞愧。

如果我们不能大声说出教育就是人类最有价值的崇高事业,如果我们不能对保障教育优先发展的财政投入充足性问题以带有责任感的学术态度投入其中,如果我们不能直面公共政策给一些民众带来的不利甚至伤害性的影响,我们可能就辜负了郝先生的期待,辜负了我们这个时代。

在这个悲欣交集的时刻,这是我的一点感想,在这里分享给各位师友和同学们。让我们以学术研讨会这种特殊的方式追悼郝克明先生的离世,以实际行动不辜负她对于教育财政研究和决策寄予的殷切期望。

谢谢大家!

2023 年 1 月 14 日

王蓉:北京大学中国教育财政科学研究所所长,中国教育发展战略学会教育财政专业委员会理事长。本文系作者在"第八届中国教育财政学术研讨会暨2022—2023年度中国教育发展战略学会教育财政专业委员会年会"开幕式上的致辞。

在深切缅怀郝克明先生追思会上的发言

高书国

我 1996 年在北京教育发展研究中心工作时就学习了老郝的很多著作与理论研究成果。2005 年在战略学会一直跟随着老郝认真学习。刚才大家谈到的一些感受,让我又一次学习到很多,我就说两点体会。

第一点是在与老郝的接触中,我学习到她对这个事业的坚定与责任感。我在国家教育发展研究中心工作了十八年,在战略研究上学习到了老郝的战略研究思想、研究精神、研究策略和系统思维的方法。

第二点是在研究策略和方法上。老郝非常重视研究策略与方法,我们也发挥自己的特点,进行基于数据的宏观研究。参与《国家中长期教育改革和发展规划纲要(2010—2020 年)》《中国教育现代化 2035》等文件的起草工作,应该说都是在发展中心、在各位领导的指导和影响之下进行的。我之所以退休后仍然在做研究,应该说是在老郝终身学习、终身研究的精神感召之下进行的。

今后,我更应该把老郝的精神在我们的战略研究中发扬光大,传承教育战略学会的精神,传承好国家教育发展研究中心的精神,传承好老郝的研究精神。

高书国:中国教育学会副秘书长,原国家教育发展研究中心教育战略研究室主任、研究员。

铭记郝先生的教诲

王 建

郝克明先生是中国教育发展战略学科与宏观教育决策研究的开创者与奠基人，其德望修为在教育界、学术界与决策界备受推崇与尊重。我有幸在先生身边做些工作，是她把我领到了教育政策研究之路上。

先生集师者、学者、智者、长者于一身，"温而厉，威而不猛，恭而安"。谈工作批评人单刀直入，看似不给人情面，内心却古道热肠，关爱后学。记得2001年底，我刚调入中心就去参加年度专家咨询会议，负责撰写报部领导的会议综述。我写的文稿直接被退回，羞愧难当之余，在她的悉心指导下反复修改，学会用政策话语深入浅出、准确无误、逻辑清晰地表达观点，文字功夫是从她那里学来的。

先生的威望，来自她的人品、学识和能力。她极富号召力、凝聚力，对于重大课题研究项目，总是根据需要把国内最有研究基础与水平的机构和专家学者组织起来，形成跨领域、跨部门、跨地区的研究团队集体攻关。她亲自负责总体研究思路、框架结构设计和总报告撰写工作，创造条件让大家专心致志地做研究。她十分重视和发挥专家的作用，虚心听取和认真研究不同意见，并在研究成果中承认他们的贡献。据我了解，她写的稿子，经常让谈松华老师或其他人给看一看，有时还让我给提提意见，我真有点受宠若惊。她总是强调要"甘坐冷板凳，十年磨一剑"，精益求精出"精品"。从她那里所获得的教益，一直影响着我、感召着我、鼓舞着我，让我不敢懈怠，用心研究，用力前行。

先生一生矢志于教育事业,为推动我国教育决策的科学化、民主化作出了重要贡献。世纪之交,郝先生将其教育战略研究的着眼点从宏观教育结构调整转向终身教育体系构建。2002年,党的十六大报告中出现了"现代国民教育体系"和"终身教育体系"两个概念,随后理论界出现了将国民教育体系与终身教育体系并列为两个体系的看法,教育实践界因部门分割出现了撇开学校教育系统而单独构建终身教育体系的情况。

2002年12月,我陪她到澳大利亚和新西兰专门考察两国的终身教育体系,年近70岁的她兴奋又忙碌,每天马不停蹄地参访五到六个机构。在了解到两国大学里25岁以上的成人学生比例都已超过三分之一时,她慨叹我国教育体系的封闭性,各类学校特别是高等学校在终身学习体系中的作用远远没有发挥出来。回国后指导我撰写考察报告时,她要求突出学校教育在终身教育体系建设中的基础性和主干性作用。报告经她润色修改后及时报部领导。

2004年,她领衔开展国家教育科学规划重大课题"我国建设终身教育体系和学习型社会研究",提出"终身教育体系与国民教育体系不是两个并列的系统,终身教育体系涵盖学校教育与继续教育"的观点。在出书、发文章和召开研讨会的同时,她亲自撰写"报告摘要"呈送有关领导参阅,希望把研究中形成的结论建议转变为决策、政策。

2008年,国家启动中长期教育规划纲要制定工作,她作为继续教育专题调研组组长,牵头撰写相关内容的研究报告,在汇报讲话和文件研讨时始终强调有关终身教育的新观点。纲要提出"构建体系完备的终身教育"并单列"继续教育"部分,说明她的观点在政策制定中得到了采纳和体现。

先生时常告诫我们:"学术必须证明自己的价值,不是以其自己的标准来证明,而是通过对国家和对世界的服务来证明;要保证教育决策的正确,实现教育决策的科学化,就必须把教育决策建立在坚实的教育决策研究基础之上。"济世经邦,顶天立地,足以让我等后学晚辈感怀敬佩不已。

先生之风,山高水长。缅怀恩师,永记教诲!

2023年1月17日

王建:中国教育科学研究院教育财政研究所所长、研究员,原国家教育发展研究中心专题研究部主任、研究员。

第一部分 悼念文章和发言辑录

与郝克明老师交往中的几件事

阎凤桥

2023年1月13日晚上,在农历小年的前一天,郝克明老师走了,纵有家人和亲友的千呼万唤,和她对于这个世界的无限眷恋,但是还是没能把她留下!郝老师驾鹤西去了!生命终曲的旋律悠扬而舒缓,她走得平静而安详!

从生理上看,人的生命就是电子屏幕上的四个数字(心率、血氧和血压)和变动的几条波纹线。当它们消失了,生命就终止了。从社会意义上看,人的表现则可能非常不同。郝老师的一生是不平凡的一生。在北大工作期间,在20世纪80年代初,她与汪永铨老师等人共同创建了高等教育研究室,重新建立北大的教育学科。之后,她本着教育研究的价值在于付诸实践的理想,投身于教育部的宏观教育政策研究与制定。在那里,她创建了国家教育发展研究中心,并且长期担任中心主任,带领中心人员开展工作。在教育部工作期间,她亲历多项国家重大教育决策的制定,并在其中扮演了重要的角色。由于她在中国乃至世界教育事业发展中所发挥的重要作用,哥伦比亚大学教育学院2004年授予她"教育与人类发展杰出贡献奖"。她在致辞中充满激情地说道:"当我在学校的课堂上、校园里,面对着一个个天真活泼的孩子对学习和求知的渴望和期盼,当我面对着拥有世界上最大教育资源的神州大地上许许多多教育改革的新生事物,当我面对每天都在不断涌现的、需要研究解决的新的挑战和新的问题,我经常有一种激情在涌动。我想,只要我的身体不倒下去,我对新的知识的学习、我对教育的追求和探索的脚步，就不能也不应该停止。"看着这段话，在我眼前浮现出一位慈祥的奶奶与一群天真活泼的孩子在一起的画面。从最古老的意义上看，教育就是长者对于晚辈充满爱的呵护。2005年，她创办了中国教育发展战略学会，并担任首任会长。她以实际行动履行了自己的诺言，生命不息，奋斗不止。

我1987年毕业后进入高校从事学术工作，参与的第一项任务就是"冶金系统高层次专门人才培养途径多样化"课题研究。该课题是郝老师负责的"应用学科高层次专门人才培养途径多样化研究"总课题的子课题之一。她敏锐地察觉到，应用学科人才培养与学术人才培养方式应该有所不同。在她的感召之下，先后有6个中央部委、62个企业、研究所和56所高校的186位人员历时几年共同参与该课题，可以说达到了空前的规模。在课题进展过程中，我多次聆听郝老师对于课题的指导意见，对于初出茅庐的我，具有重要的启蒙作用。研究成果以《应用学科高层次专门人才培养途径多样化研究》专著的形式呈现。该课题研究中提出和探究的问题，对于今天的人才培养工作仍然有重要的参考价值。

1995年，我进入北大攻读博士学位，郝老师是北大兼职教授，并且指导博士生完成学位论文，比我晚一级的文东茅就是在郝老师指导下完成博士论文的。那时我与郝老师有过几次接触。有一次，她做报告，汪永铨老师也来了。郝老师说，你来干什么，汪老师说，我来学习。两位老师既是长期合作的同事，也是相互敬重的朋友。他们的高尚风范和为人为学的品质，为我们树立了榜样，也是北大教育学科文化传承的组成部分。

2010年，在庆祝北大教育学科重建三十周年时，郝老师来到学院。那年她已经77岁，为师生们做了一场讲座。这是我第一次听她详细讲述自己的研究经历和对许多教育问题的见解，尤其对她组织编辑教育地图一事有着深刻的印象。我当时甚至今天都认为，任何人都有一些好的想法，但是能把想法变成现实的则是一小部分有能力且持之以恒的人，是这一小部分人在真正地推动着社会的进步，郝老师就是这样的人。我深刻地感受到，她的研究工作始终与国家教育事业的发展息息相关。这是她的事业追求、风格和特点。

2011年12月14日,在郝老师的积极推动下,原国家教育发展研究中心、中国教育发展战略学会与北京大学共同签署了协同创新的战略协议,郝老师、时任中心主任张力和时任北大党委书记朱善璐共同签署了合作协议。三方曾联手组织多次教育论坛,发挥各自特长,为国家教育事业作贡献。

2016年12月20—21日,在原教育发展研究中心成立三十周年之际,举行了庆祝学术研讨会,我参加了会议,并做了"民办教育政策制定与执行过程的回顾与反思:研究者阐释视角"的报告。郝老师当时在外地,没有能够出席这个重要的庆祝和交流活动,由原中心副主任谈松华老师回顾了中心的卓著发展历史,我得以再次领略师长们不平凡的学术创业历程。

2020年,在学院四十周年庆祝前夕的教师节,我和学院几位老师前往郝老师的住处,探望她,祝她节日快乐。那天,她情绪和状态特别好,滔滔不绝地跟我们讲了两个多小时。她一生研究教育的经验概括起来是:从真实问题出发,理论联系实际,要对教育实践产生作用。她参与的研究涉猎面广,包括大学文科发展、高等教育结构、高层次人才培养、终身教育等。她不属于学院派,不特别侧重学理性的问题,但是对实际问题进行了专门的调查,所以研究接地气,掌握情况深入,可以提出有力的政策建议。

那天从郝老师家里出来,我在朋友圈里发了一则题为"没有调查就没有发言权"的感想。同一天,新入学的教育专业博士生在进行入学教育,我把刚从郝老师那里听来的在高等教育结构国际比较研究过程中没有发现大学文理科所占合理比例的故事讲给大家听,希望同学们面对实践中遇到的困惑,以老一辈学者为榜样,敢于直面和探索,探索未知纵然是无果而返,也是值得尝试的。郝老师对于北大教育研究寄予厚望,在学院图书馆里,我们保存着她从卡内基教育促进基金会前主席波伊尔博士那里获得和转赠给学院的珍贵图书,许多师生利用这些资料开展研究。

2020年11月1日,我们在北大百年讲堂举办了北大教育学科重建四十周年庆祝活动。郝老师由于身体原因,无法莅临现场,但是委托我代读了她写的贺信,下面是其中的一段:"我虽然不在教育学院,但常常收到你们的关心和问候,也不时有机会和你们一起探讨教育发展的问题,这也让我感受到你们这个集体和谐、温暖、向上的氛围和学术活力,我相信,这种亲密无间、团结合作的研究氛围与精神面貌将推动你们在教育研究领域共同走向更加美好的未来。"落款是"你们的老校友郝克明"。

郝老师虽然离开了我们,但是她的精神永存,她留下的宝贵精神财富是激励我们继续努力和不断前行的动力。郝老师永远活在我们心里!

阎凤桥:北京大学教育学院院长,中国教育发展战略学会常务理事。

缅怀郝克明女士

杰奎琳·特松

中国国家教育发展研究中心、中国教育发展战略学会创始理事长,美国哥伦比亚大学"教育与人类发展杰出贡献奖"获得者郝克明女士于2023年1月13日去世。

郝女士是著名教育家,北京大学教授。她在义务教育政策制定方面发挥了关键作用,广受赞誉。早在郝女士获得杰出贡献奖之前,她的父亲就于1925年在哥伦比亚大学教育学院学习了一年。

2004年,时任教育学院院长阿瑟·莱文(Arthur Levine)飞越8000英里来到北京,向郝女士颁发哥伦比亚大学"教育与人类发展杰出贡献奖",郝女士与哥大教育学院的友谊自此开始。她的批判性研究和向国家领导人和教育部提供的课程标准、教师教育和资金分配等方面的政策建议获得广泛认可。她终生致力于促进中国教育公平。郝女士还热心倡导对所有儿童,特别是那些历史上被忽视地区儿童普及义务教育。

谈及郝女士当时的影响力,教育学院的林晓东表示:这是多年来教育学院院长首次到访中国,通过将这枚奖章授予郝女士,我们向世界表明我们支持这一价值观和政策。

中国拥有世界上最多的受教育人口,郝女士最为著名的成果包括"系统性、整体性和协同性"的宏观教育政策研究与改革。

"我们一生会遇到很多难忘的朋友,但很难遇到一个陪伴你并影响你的人生观与事业的人。"中国教育部办公厅原副主任康宁感叹道。"她是我在教育部工作期间敬佩、尊敬、爱戴的精神导师。"

郝女士致力于通过科学研究和有责任感的战略思维为中国年轻一代提供公平的教育。她曾分享道:"长江后浪推前浪,新一代年轻人会更优秀。我坚信,青年同志们一定能够继往开来,继续推进教育发展研究。"

近年,林教授与郝女士谈论过她在经历失败后仍然坚持的研究。

林教授回忆起郝女士当时深刻的反思:"孩子应对失败的能力就像我们的免疫系统一样。如果我们的免疫系统强大,我们就能战胜各种疾病。失败教育应该成为强国政策的一部分。当公民有更强的应对困难的能力时,这个国家就会变得更强大。"

杰奎琳·特松(Jacqueline Teschon):美国哥伦比亚大学教育学院综合办公室编辑。原文为英文。

第二部分

各单位其他同志追思录

北京大学教育学院师生追思录

管培俊（院友，国家民委原副部长级专职委员、中国高等教育学会副会长）：郝克明老师作为德高望重的教育家、教育部老领导、教育政策研究的老前辈，对于北大教育学科重建、对中国教育改革发展重大决策作出了卓越贡献。1985年《中共中央关于教育体制改革的决定》的基本思想如政府宏观管理、大学自主办学等到现在都不过时。当年郝克明老师和张天保、朱育理同志领导我们起草《中国教育改革和发展纲要》时孜孜不倦、呕心沥血的情景依稀如昨。她的家国情怀，对教育事业的使命感、责任感和倾情付出，让人感动，对教育问题的洞见和执着让人感佩。她为人为师为学都是我们晚辈后学的榜样。敬爱的郝克明老师永远活在我们心中！

喻岳青（原北京大学高等教育研究所常务副所长、教授）：郝克明老师不仅对中国教育事业的发展起了重要的推动作用，由此获得了联合国教育发展终身成就奖（这是中国唯一的），她对我们高教所及后来的教育学院的发展也起了重要的推动作用。1998年借北大百年校庆之机，她首先提出成立教育学院的倡议。我们的很多研究课题都是和教育发展研究中心合作完成的。郝老师仙逝，是中国教育界的损失。我们表示深切的悼念！郝老师一路走好！

陈学飞（学院原常务副院长、教授）：没有郝克明先生的远见卓识和努力奋斗，就没有北大高教研究室的创立。愿开拓者一路平安！

陈定芳（原北京大学高等教育研究所副所长、研究员）：深切缅怀和沉痛悼念我们高教所老领导郝克明先生！郝老师一路走好！

胡荣娣（原北京大学高等教育研究所党总支书记）：郝克明老师千古！

音容笑貌宛然在,如今天人永隔离。未名岁月忆师恩,大江南北泪如雨。(与魏东波同悼)

张晓黎(学院党委书记):家国天下,鞠躬尽瘁。先生之风,山高水长!

陈洪捷(学院博雅特聘教授):从北大到中心情系教育,既理论又实践志在改革。划教育有眼光尽心尽力,致力改革搭平台如火如荼。

汪琼(学院教育技术学教授):感恩郝先生当年的知遇提携之恩,至情至善至真之人,惋惜哀悼!

庞海芍(院友,北京理工大学教学促进与教师发展研究中心主任、研究员):郝克明先生千古!先生的讲话、精神、成就令人感动,先生的为人、为学、为事令人景仰!

鲍威(原学院长聘副教授,现厦门大学教授):很遗憾我和郝先生的交集仅限于留学期间,在东京大学教育学院图书馆拜读了先生主编的《中国高等教育结构研究》一书,但当时读后内心的震撼,一直铭刻于心。这个冬天,许多老人离开了这片土地。可能我们都未曾意识到我们失去的是指路者,是能照亮前行路途的一盏盏明灯。郝先生是中国教育科学研究的开拓者之一,就是这样一盏照亮我们学界后来者的明灯。尼采曾说过:"巨人走过,会有流沙。他一移步,我们就无影无踪了。我且不说,那时我们会淹没于怎样可怕的元素里。"很遗憾未能在先生生前请教一句:在至暗时代,该如何守护自己内心深处的光亮?应如何坚守学者的社会责任?故老凋零,恨无人可问前路。然而重新阅读先生留下的研究,她笔下的字里行间、她一生的所言所行,似乎依然在指点我等后辈继续前行的方向。斯人已去,精神长存!郝克明先生千古!

孙波彬(院友,北京大学教育基金会首席投资官):当年汪永铨老师、闵维方老师邀请郝克明主任来高教所上课,我们听后如醍醐灌顶,顿时明白了研究与实践离得如此之近。北大教育研究在这些卓越的前辈的引领下,树起了一面敢于面对现实问题的大旗,运用当时最先进的研究体系和全新的范式,产出了许多研究成果。有当年教育与人力资源的储备与奠基,方有中国三十多年来的崛起。20世纪90年代中国高等教育的改革发展实践研究,北大高教所汪老师和闵老师等老一辈教育学人居功至伟。

康小明(院友,中国科学院科技政策与管理科学研究所副研究员):当年有幸在郝先生和丁老师的指导下做过一段时间的课题研究,郝先生的音容笑貌宛如昨日,严谨求实精益求精的科研精神历久弥新!愿敬爱的郝克明先生一路走好!

刘东风(院友,中国人民大学高瓴人工智能学院教师):我们在校时聆听了郝老师的讲座,郝老师在教育发展战略方面种下了教育报国的种子。我们后生将继承郝老师的遗志,接过教育发展战略研究促进现代化强国建设的接力棒勇毅前行。北大理应在教育发展战略研究方面扛起大旗,研究教育发展与国家建设、民族复兴的深层次关系,为治国理政战略决策提供重要参考。

司晓彬(院友,华泰证券上海资产管理有限公司董事总经理):永远的怀念!先生当年授课的情景还历历在目。先生走好!

原国家教育发展研究中心工作人员追思录

姜沛民（中国农业大学原党委书记，原教育部政研室处长）：我听到老郝因疫情去世，很悲痛。跟随老郝工作犹如昨日，谆谆教诲永远铭记，请代为表达哀悼追思之意。郝克明老领导千古！

邵金荣（全国人大教科文卫委员会教育室原主任、原教育部政研室处长）：我和老郝共事多年，最早和她在一起工作。老郝在起草1985年《中共中央关于教育体制改革的决定》中起了很大的作用。从宏观来说，她当时重视的问题、反映的问题，对这个决定的出台有一定的推动。1985年教育部政研室写了一份关于中央业务部门管理高等学校的体制中存在的问题及改革和建议的材料，部里作为绝密文件上报中央，引起中央领导的高度重视。中央书记处、中央政治局讨论了几次。高等教育管理体制改革这个问题，可以说是当时中央做出教育体制改革决定的一个突破口，老郝作出了重要贡献。郝克明先生永远活在我们心中！

严晓梅（原国家教育发展研究中心办公室主任）：我在海南听到老郝去世的消息，万分悲痛。这些日子，曾经与老郝一起工作三十多年的情景和感慨不断在我眼前和心中翻腾，挥之不去。老郝是我参加工作以来遇到的最好的领导和导师，她对我各方面的严格要求和对工作的精益求精、一丝不苟，让我受益一生。在老郝的直接关怀和领导下，我们办公室全体人员精心为国家教育科研的发展与改革做好服务工作，练成了一支能打胜仗的队伍。就我个人而言，没有老郝的亲自调教，就没有我今天的成长和进步！我退休以后，老郝更像亲人一样关心我，多次邀请我到战略学会工作，因已返聘做教育舆情工作，我没有答应老郝，至今都觉得真对不住她！但老郝却丝毫没有在意，依然经常联系我，尊重我个人的选择，让我万分感谢！今天，我们在一起追忆老郝，更是一次学习老郝、怀念老郝、继承老郝优秀品质的好机会。我会永远记住老郝对我的教诲，在退休后的晚年生活中，以她为榜样，激励自己不断学习和进步，过好晚年生活！不辜负老郝的期望！敬爱的老郝，我们永远怀念您！

杨秀文（原国家教育发展研究中心办公室副主任、副研究员）：老郝的人品、大家风范，我作为晚辈一直非常崇拜崇敬。我2004年从中心研究室转岗办公室后，为老领导老同志们服务。虽然跟老郝没有直接的工作关系，但是因为发自内心的崇拜，我对这份工作非常尽职。后来我也是听别的领导说起来，老郝对我的工作很满意。我能在老郝最后这段时间里为她做一些工作，觉得非常荣幸，老郝永远活在我的心中。

玉丽（中国教育科学研究院副研究员、原国家教育发展研究中心副研究员）：郝先生给予我的不仅仅是工作上的帮助，更有许多为人的高尚品格是值得我学习的。

一、先生是一位对工作极其负责、睿智的老领导。

1996年我陪郝先生到云南昆明参加基础教育国际研讨会，从北京到昆明飞行三个多小时，先生在经济舱，在狭小的空间一直伏案工作，认真阅读文稿。到昆明后组委会安排先生主持会议，会议举办得非常圆满。郝先生给大家留下深刻印象，会后国际友人纷纷找先生合影留念。先生吩咐我认真学习上海教科院顾泠沅教授和华东师大叶澜教授的讲演内容，随后整理文稿。郝先生无论到哪儿，都忘我地工作，敏锐地观察，思考和学习借鉴好的经验，这些优秀品质永远值得我学习。

二、先生不仅是一位杰出的领导，更是一位人生的导师和朋友，关心下属的工作和生活。

我的成长进步离不开老领导的培养，从工作到生活她都对我十分关心。我是1996年4月借调到教育部教育发展研究中心工作的，先生十分关心我的工作调动问题，先后找学生司领导咨询，最终在先生和单位同事努力下，如愿调到教育发展研究中心工作。

先生是研究教育宏观决策的权威，深受人们的尊重和敬仰，为中国教育宏观决策研究作出了重大贡献，为推动中国教育发展作出了突出贡献。她不仅是一位杰出的领导，更是一位温暖的老师和朋友，关心下属的工作和生活，慷慨地给予他们帮助，让他们拥有了自信和力量。她的身影将永远留在我们心中，她的精神将永远激励我们前行。

先生的离去，将留下一个永恒的记忆，我们永远怀念她，永远怀念她的精神，永远怀念她的慷慨，永远怀念她的关怀。

最后，我衷心地祝福先生，安息在天堂！愿先生安息！

王晓平（原国家教育发展研究中心研究室副主任）：今天我们缅怀追思郝克明先生，让我思绪万千。在老郝身边工作，她给了我许多的教诲、留给我许许多多珍贵的回忆。大家都说了很多，恕我不再重复。我仅分享两件印象特别深刻的事，表达我对老郝深深的怀念。

第一件事，是老郝对教育的情怀。她始终以战略眼光从事教育工作，做到了忠诚于党的教育事业。1994年的千岛湖事件，几十名台湾同胞坐游艇游览千岛湖，遭歹徒劫财，之后歹徒放火烧了船，一船人全死了。老郝当时在发展中心一次内部会议上讲：这件事我请大家思考，为什么能够出现这样的人？财都劫到手了，为什么把全船无冤无仇的人都烧死了？她说：从教育上为什么不能让孩子对人有基本尊重？当时这句话给我的印象非常深刻，我经常用这句话来提醒自己：教育要教人做什么？这是底线。对这一震惊全国的事件，大多数人只把它视为刑事案件，可是老郝却从教育育人的角度做出了深刻的思考，显示出她深厚的教育情怀。

第二件事，老郝对事业精益求精，一丝不苟。从1992年到1997年我有幸经常陪她出国进行教育交流考察。每次出访，从行前准备到出访的每一天，老郝都是精益求精，忘我地工作。每次出行，无论国内国外，她的工作强度都非常大，时常是从早到深夜地工作，与人谈话，讨论教育发展的话题。我当时才三十多岁，都跟不上她的工作节奏。1993年美国胡德学院授予她名誉博士学位，我给她当翻译。到胡德学院接受名誉博士学位，要有答谢词。老郝需要一个英文稿，我帮助修改后她就背稿，准备脱稿演讲。从出发,到仪式的头一天晚上,老郝都抓住空余时间背演讲稿。她在授予仪式上流利地完成了演讲,得到胡德学院院长丘奇博士的高度评价,现场听众反应热烈。现在回想起来,1993年老郝已60岁了,要背下英文稿子第二天去讲,很不容易,没有一丝不苟的工作态度难以做到。感谢老郝给我树立的榜样,对我的教诲。我作为晚辈将永远怀念她老人家。郝克明先生永垂不朽!

梁彦(中国教育科学研究院副研究员、原国家教育发展研究中心副研究员):我到中心工作时,老郝已经退休。对老郝的第一印象来自同事们的讲述——她能干、睿智、优雅、关爱下属……2014年至2016年,我有幸参与到老郝主持的终身学习科普读物编写工作中,真切感受到她对工作质量要求特别高,对教育事业有一种执着,值得我们后辈一生去学习。

马丽(中国教育科学研究院离退休人员处副处长):2018年我调到中国教科院来工作,这五年以来一直从事教育科研方面的服务,为老干部服务。尽管没有机会见过郝先生,但是,她是著名的教育家和教育战略研究大师,精神和品德让我一直非常敬仰,所以,我今天参加追思会,更加深切地感到,人生的最高境界是用自己的人格魅力去影响和感染别人,我觉得郝先生已经达到了这一崇高境界,今后我一定要以这种精神去激励自己学习进步。

张丽娟(中国教育发展战略学会秘书处办公室主任):我跟郝老师十九年,从筹备战略学会一直到现在。郝老师是我走上社会之后的第一位老师。跟着郝老师,不论是学知识还是做人,都学到了特别多。郝老师对我来说,不仅是尊敬的老领导,而且是我特别敬佩的长辈,就像亲人一样。

下篇

第三部分

郝克明先生讲话致辞

在 2013 年郝克明教育科研成果
研讨会上的讲话

　　参加今天由国家教育发展研究中心、北京大学和中国教育发展战略学会联合主办的研讨会,听了教育部领导和各位专家和朋友们的发言,很受感动。人贵有自知之明。我把大家对我所做工作给予的溢美之词,看作是对我的鞭策和鼓励。我清醒地知道我所做的工作和取得的一些进展,都离不开国家教育发展研究中心、北京大学特别是北大高教所和教育学院、中国教育发展战略学会同志们的集体智慧,离不开与高等学校、教育科研机构和社会各个领域专家、教师的密切合作,离不开教育部领导和有关司局、地方政府教育领导部门的支持、指导和帮助。我也深深感受到,为了教育这个人类最有价值、最有魅力的崇高事业,我和各位专家、朋友们在长期研究工作中所形成的相互学习帮助、相互支持合作的团队精神以及真挚深厚的友情,是我进行研究工作和能够取得一些成绩的重要的精神支柱和保证。所以今天我要向出席今天会议的教育部领导、会议的主办单位和各位专家与朋友们表示最衷心的感谢!

　　借这个机会向各位特别是青年朋友们谈几点希望。

　　1. 教育发展战略研究大有可为。这几年来,教育发展战略和宏观政策研究,虽然取得一些进展,但总体上来说,还不适应我国教育事业改革和发展的要求。教育发展战略学科还是一个比较年轻的学科,我常常说,这是一个正在开垦的处女地。当前我国教育发展正面临着新的机遇和重大的挑战,教育改革和其他许多领域的改革正在进入攻坚阶段,对改革的系统性、整体性、协同性提出了更高的要求。我们还特别注意到,终身学习思潮与高速发展的信息技术的结合,正在酝酿和引发世界教育领域包括教育理念、内容、模式和方法的深刻变革,也为我们教育的发展和改革带来了新的发展机遇。因此教育改革和发展面临的许多重大问题,迫切需要我们进一步加强全局性、前瞻性和更加系统的深入研究。这不仅是新的历史时期教育改革发展的要求,而且为我们教育科学研究,特别是教育发展战略和宏观政策研究工作者,提供了进一步发挥聪明才智、大有作为的广阔天地。中国拥有世界上最多的教育人口和悠久的文化教育传统,数以千万计的广大教育工作者迎接新的挑战的探索和实践,将是中国教育发展战略研究创新的巨大源泉。"问渠哪得清如许,为有源头活水来",我相信伴随着中国教育改革和发展新的进程,教育发展战略和宏观政策研究必将对中国和世界的教育发展作出更大的贡献。

2.要在提高教育战略研究的质量水平上下更大功夫。教育发展战略研究涉及社会经济、科技、文化、人口、地理环境以及体制改革等多种因素的影响和制约,涉及教育系统各种不同类型教育的协调发展、相互衔接和沟通,涉及广大不同类型学习者自身发展和学习的新要求,研究任务十分复杂和艰巨。要进一步提高教育发展战略研究的水平,为国家教育新的发展提出科学的意见和建议,我认为最重要的是,在研究工作中要有对社会高度负责的使命感、责任心以及献身教育事业的伟大理想和革命激情,这是做好教育科研工作最重要的前提。为了使教育发展战略研究有较大的突破性进展,还要进一步推动和加强各学科、各领域专家的合作,加强理论工作者和实际工作者的合作。研究工作要始终注意发扬严谨扎实的学风,防止浅尝辄止和急于求成的浮躁风气。在当前社会处于深刻转型的条件下,作为教育科研工作者,要时刻警惕和注意排除一切干扰,淡泊名利,潜下心来刻苦进行研究工作。要有"甘于坐冷板凳,十年磨一剑"的钻研精神,要有应对和克服各种困难和挫折、敢于啃硬骨头的坚强意志,不泄气、不放弃,不怨天尤人,才能真正有所作为。

3.我已进入耄耋之年,在教育战略研究领域,我的主要精力将放在支持中青年的工作上来。我衷心希望战略学会进一步发挥维方同志的领导作用,更希望维方同志能够更好地把北大强大的教育科学乃至其他有关学科团队与国家教育发展研究中心、中国教育发展战略学会更好地组织起来,团结全国各方面的研究专家,进一步促进教育战略研究进入新的发展阶段。长江后浪推前浪,一代新人胜旧人。在实现中华民族伟大复兴的事业中,我完全相信年轻的同志们一定能够继往开来,把教育发展战略研究和其他各个领域的工作更好地推向前进。我对教育发展战略研究和我国教育发展与社会主义现代化事业的美好未来充满信心。再次谢谢各位!

第三部分 郝克明先生讲话致辞

在中国教育发展战略学会教育财政专业委员成立大会上的讲话

各位领导,各位专家,女士们,先生们:

大家好!今天非常高兴能够在北京生机勃勃的初夏时节,欢迎来自教育部、财政部、世界银行以及海外研究机构、全国各省市、各兄弟院校和学术机构的领导和朋友们,共同参加"中国教育发展战略学会教育财政专业委员会"的成立大会。首先,请允许我代表中国教育发展战略学会对教育财政专业委员会的成立表示衷心的祝贺,对所有参加本次成立大会及"后义务教育财政问题"高级研讨会的各位嘉宾表示热烈的欢迎,对各位领导和朋友们长期以来对教育财政专业委员会的酝酿和筹备工作所给予的大力支持和帮助,表示衷心的感谢和崇高的敬意!

大家知道,随着全球教育事业的不断发展,公共教育财政资源短缺已经成为摆在世界各国面前的一个重大课题。为了缓解公共教育财政供给与教育经费需求之间的矛盾,自20世纪80年代以来,许多国家都在认真研究和努力采取创新性的公共财政政策和其他相关的政策措施。我国拥有世界上最庞大的教育系统,教育不断增长的需求和财政供给相对不足的矛盾日益突出,教育财政面临新的更为严峻的挑战。2006年,我国各级各类学历教育在校生总规模已达到2.6亿人,其中义务教育阶段学校在校生达到1.67亿人,高中阶段在校生人数达到4296万人,高等学校在校生人数达到2500万人,成为世界上各级各类学校在校生最多的国家。我们还要看到,未来十几年是我国全面建设小康和和谐社会的关键时期,也是经济社会持续快速发展和产业结构、技术结构、城乡结构发生巨大变化的时期,这对我国国民素质的提高和教育事业的发展提出了新的更高的要求。同时,中国又是一个拥有13亿人口的大国,每年新出生人口超过1500万左右。虽然我国采取了控制生育率的政策,到2020年,全国总人口仍将增长到14.5亿左右,预计2020年,6岁至14岁学龄人口将达到1.61亿人,15岁至64岁劳动年龄人口将达到10亿人,形成了巨大的义务教育和义务教育后正规与非正规教育的需求。同时,随着人民生活水平的提高、中国近十几年来独生子女政策的实施以及我国几千年文化传统的影响,广大群众对子女受教育特别是高质量教育的热切期望和对教育事业发展的要求,会大大超过其他同等经济发展水平的国家。但是,我国又是一个发展中国家,虽然这些年来经济发展很快,但是经济基础还比较薄弱。根据国家统计局的统计,2006年我国人均GDP为2042美元,与世界各国经济发展水平相比较,还属于下中等收入国家。近十几年来,我国教育经费虽有较大幅度增长,但教育经费总的投入水平还不适应我国教育事业发展的巨大需求。根据联合国教科文组织2002年的统计资料,我国教育公共支出约占世界公共教育支出的2.5%,但在校接受正规学历教育的学生却占世界的五分之一。因此,如何从我国的实际出发,进一步扩大公共教育财政供给,调动全社会对教育投入的积极性,努力为每个适龄儿童和青少年提供比较充分的教育机会;如何促进各级各类教育的协调发展和教育资源的优化配置,提高教育资源的使用效益;如何充分发挥教育在促进社会进步、改善社会公平和社会资源再分配中的功能和作用;如何建设促进适应知识经济发展和广大学习者自身发展要求的教育和学习体系,最大限度地满足人们日益增长的接受教育和不断学习的需求,等等,都是摆在我们面前亟待解决的重大课题。这些问题的研究和解决也会为我国教育财政问题的研究和创新,提供更广阔的发展空间和新的机遇。

中国教育发展战略学会教育财政专业委员会的成立,正是适应了这种形势的需求,因此它从筹备之日起,就得到了财政部和教育部的领导同志、各省市教育领导部门、科研机构和高等学校特别是北京大学的大力支持和帮助,并且组成了由北京大学校务委员会主任闵维方教授和财政部、教育部有关领导同志担任正副会长的领导集体和以北京大学中国教育财政科学研究所为核心的工作和研究班子。教育财政专业委员会的成立,有利于促进教育财政问题的理论研究和教育发展实践的结合,有利于促进教育财政问题的研究和教育财政决策与管理部门的结合,推进政府在教育财政方面决策的科学化,有利于促进国内外的学术交流和合作,也有利于促进我国教育财政问题理论研究水平的提高和高素质研究队伍的建设。我衷心希望并且相信,在中国教育发展战略学会教育财政专业委员会的指导和推动下,依靠我国广大从事教育财政研究和实践的教育工作者与财政部门同志们的共同努力与合作,我国教育财政领域战略性、全局性重大问题的研究必将提高到一个新的水平,在推动我国教育财政体制与体系的改革、创新和发展,促进我国教育财政重大决策的科学化以及教育财政学科建设等方面,作出新的贡献。

各位专家,在世纪转换之中,我们看到,历史不仅给了我们一次经济腾飞的机会,使我们在二十年左右的时间里,根本改变了国家的面貌和在世界上的地位,为中华民族的伟大复兴打下了坚实的基础;同时也给了我们一次跨世纪教育变革的机会。随着我国国民经济在科学发展观指导下进一步持续、快速和健康发展,我国的综合国力和公共财力水平将进一步增强和提高,我国的教育事业必将迎来又一个黄金发展时期。我们完全有理由相信,我国的教育财政研究工作必将随着我国教育事业新的发展而创造新的辉煌。

衷心祝愿中国教育发展战略学会教育财政专业委员会成立大会和学术研讨会圆满成功。谢谢大家!

2007 年 6 月 6 日

致北京大学教育学院的贺信

阎凤桥同志并北京大学教育学院全体同志：

你们好！欣逢北京大学教育学科重建四十周年，谨向全体同仁和青年学子表示衷心的祝贺和崇高的敬意！

四十年在历史的长河中不过是短暂的瞬间，但是经过你们艰苦不懈的努力和创造性的劳动，教学科研成果硕果累累，队伍建设人才辈出，学院和学科的面貌都发生了巨大而深刻的变化。你们非常关心和重视我国教育事业的发展，并且始终以教育改革与发展中的基础性、先导性、全局性重大问题为研究对象，为宏观教育决策的科学化服务。你们的努力奋斗不仅使教育经济学、教育管理学、教育政策学、高等教育学、教育技术学等学科建设得到丰富和发展，还通过决策研究为我国教育发展和改革作出了重要贡献，已经成为我国教育改革与发展的重要智库。你们不仅系统研究了中国高等教育的结构、规模效益与高等教育运行机制，还参加了20世纪80年代国家教育发展研究中心组织的高等教育结构改革研究，21世纪初关于在我国构建终身学习体系和学习型社会的研究等系列重大问题研究，作出了出色的贡献，对促进我国教育改革和发展发挥了重要的推动作用。在20世纪90年代初，中央和国务院组织酝酿教育发展和改革新的规划，你们经过研究提出了教育经费应该占GDP的比重达到4%的重大政策建议，被中央领导采纳并写进了《中国教育改革和发展纲要》这一历史性文献，并以党中央、国务院的名义正式颁布，为后来全国教育经费增加和保证教育经费稳步增长的制度建设发挥了重要的基础性作用。

长期以来,你们重视理论学习,并始终以马克思主义、毛泽东思想、邓小平理论、"三个代表"重要思想、科学发展观和习近平新时代中国特色社会主义思想为指导,注重吸收哲学、经济学、政治学、社会学、管理学、信息技术等相关学科的理论成果。我和你们的同志接触,感到你们的工作责任心很强,特别重视和强调科学的研究方法,作风和过程都很严谨,研究结论可靠。你们的工作大都从教育发展战略的需求出发,以国内外大规模的文献和调查研究为基础,把理论研究和实证分析相结合,把现状研究和历史调查反思相结合,把本土研究与国际比较相结合,为教育改革发展提供具有坚实研究基础的观点和方案。在党的领导下,你们的研究成果很多都受到了教育界和国家有关部门的高度评价,你们所取得的这些历史性成绩来之不易,值得认真研究和总结。

我很高兴地看到,学术的严谨、庄严与学术人之间团结互助、共同成长的温暖情谊在北大教育学院相得益彰。我常常怀念我的好朋友汪永铨,他在病中烦闷的时候,你们几个年轻同志不时开着车,载着他到植物园、奥林匹克森林公园等地方散心,昔日的严师成为永远的亲长,我听你们的讲述都能想象老汪当时灿然的笑容。这样的温馨往事有很多,这种融洽的氛围尤其难能可贵。你们用心关爱师生,细心呵护学习与研究的这方净土,精心培育这个互相关爱、团结向上、充满生气的组织,这令我对你们将拥有美好光明的前景深信不疑。一个月前,学院的小浩、东茅、凤桥与李铮一同在百忙中来看我,让我感到无比温暖。我虽然不在教育学院,但常常收到你们的关心和问候,也不时有机会和你们一起探讨教育发展的问题,这也让我感受到你们这个集体和谐、温暖、向上的氛围和学术活力,我相信,这种亲密无间、团结合作的研究氛围与精神面貌将推动你们在教育研究领域共同走向更加美好的未来。

当前,全党全国人民都在学习中央五中全会精神,都在深入学习、研究和贯彻习近平新时代中国特色社会主义思想。希望你们继续高举中国特色社会主义伟大旗帜,深入贯彻党的十九大和十九届二中、三中、四中、五中全会精神,发扬学术研究精神,把深入的理论探索与扎实的实践调研结合起来,认真关注和研究教育发展所面临的新形势、新问题,努力提升教育研究为国家教育发展和重大教育决策服务的意识和能力。"当代中国正经历着我国历史上最为广泛而深刻的社会变革",在五中全会的精神指引下,我们的时代将迎来新的百年。预祝你们在新的历史跨越中迈出更大的步伐,作出新的贡献,取得更加辉煌的成绩!

祝愿全体同仁身体健康,阖家幸福,工作、学习和事业发展更上层楼!

你们的老校友　郝克明

2020 年 10 月 29 日

第三部分　郝克明先生讲话致辞

第四部分

郝克明先生教育科研成果辑录

一、论文

郝克明、蔡克勇、张力	关于应用学科高层次专门人才培养途径的研究报告	中国高等教育学报	1987(03)
郝克明、谈松华、张力、金扣干	我国农村义务教育发展的环境、现状和前景	教育研究	1989(10)
郝克明、谈松华、张力	我国农村普及义务教育的社会经济环境与发展趋势	中国社会科学	1991(04)
郝克明、汪明	独生子女群体与教育改革——我国独生子女状况研究报告	教育研究	2009(02)
郝克明、杨银付	改革开放以来我国教育改革发展的若干启示	教育研究	2010(03)
郝克明	加强普通教育与职业教育的沟通和衔接	职业技术教育	2010(09)
郝克明	我国继续教育的发展与制度建设	管理学刊	2010(02)
郝克明	中国终身学习的进展与制度建设	教育研究	2010(11)
郝克明	抓住机遇,实现我国现代远程教育的历史性跨越	中国远程教育	2011(05)
郝克明	论我国现代远程教育的历史性跨越	教育研究	2011(09)
郝克明	中国终身学习的发展与制度建设	北京广播电视大学学报	2011(06)
郝克明	终身学习与"学分银行"的教育管理模式	开放教育研究	2012(01)
郝克明	终身学习与"学分银行"的教育管理模式	中国职工教育	2012(08)
郝克明	对中国开放大学建设和发展的认识和思考	北京广播电视大学学报	2012(06)

(续)

郝克明	教改"进行时"	时事（时事报告初中生版）	2013(03)
郝克明	抓住机遇，以信息化引领教育理念和教学模式创新	北京广播电视大学学报	2013(06)
郝克明	学习型社会建设的重要支柱——中国继续教育的发展	中国教育科学	2014(03)
郝克明	让学习伴随终身——中国特色的终身学习理论探索与创新	江苏开放大学学报	2016(01)
郝克明	创新研究、加强合作、服务全民终身学习	江苏开放大学学报	2016(02)
郝克明	学分认证、转换制度与终身学习——在2016构建终身学习立交桥和学分银行系统学术论坛（南京）上的发言	终身教育研究	2017(02)
郝克明	学习型城市：带动我国建设学习型社会的主阵地	终身教育研究	2017(04)
郝克明	总结经验、开拓进取、开创开放大学发展和改革的新局面	开放教育研究	2017(06)
郝克明	抓住历史机遇，开创网络教育发展的新局面	开放学习研究	2017(06)

二、专著

中国高等教育结构研究	郝克明、汪永铨（主编）	人民教育出版社	1987年
应用学科高层次专门人才培养途径多样化	郝克明、蔡克勇（主编）	人民教育出版社	1991年
中国妇女教育的现状与展望	韦钰、郝克明	苏州大学出版社	1995年
中国教育地图集	郝克明（编纂委员会主任）	上海科技出版社	1995年

(续)

走向21世纪的中国教育——中国教育发展战略研究	郝克明、谈松华（主编）	贵州教育出版社	1997年
中国教育体制改革20年	郝克明（主编）	中州古籍出版社	1998年
面向21世纪我的教育观·综合卷	郝克明（主编）	广东教育出版社	1999年
当代中国教育结构体系研究	郝克明（主编）	广东教育出版社	2001年
90年代中国教育改革大潮丛书	郝克明、顾明远（总主编）	北京师范大学出版社	2002年
终身教育国际论坛报告集萃	郝克明、周满生（主编）	高等教育出版社	2005年
终身教育经典文献	郝克明、周满生（主编）	高等教育出版社	2006年
跨进学习社会——建设终身学习体系和学习型社会的研究	郝克明（主编）	高等教育出版社	2006年
教育·社会·未来——郝克明教育文集	郝克明	广东教育出版社	2008年
中国独生子女群体实证研究	郝克明（主编）	广东教育出版社	2010年
跨进学习社会的重要支柱——中国继续教育的发展	郝克明（主编）	高等教育出版社	2011年
视野、战略、实践——郝克明终身学习研究文集	郝克明	高等教育出版社	2015年
让学习伴随终身	郝克明	高等教育出版社	2017年

第五部分

研讨会发言和其他专论辑录

胸怀教育发展大局,引领教育战略研究
——郝克明教育思想与实践述略

闵维方 文东茅

郝克明先生是我国当代著名的教育专家,是中国教育发展战略研究的主要创始人和领军者。几十年来,郝克明先生以对我国教育的强烈责任感、博大精深的系统研究和卓越的组织管理才能,开创并引领了我国教育发展战略研究,取得了丰硕的研究成果,对我国诸多重大教育决策产生了深远影响。郝克明先生是北京大学的杰出校友,毕业后留校工作多年。20世纪80年代初期,她与汪永铨先生等创建和领导了作为北大教育学院前身的北大高等教育研究室。到教育部工作之后,她始终特别关心、支持北大教育学科的发展。她著述丰厚、贡献巨大、影响广泛。郝克明先生教育思想的突出特点是其战略性、宏观性、全局性和前瞻性的大教育理念。例如,她高度关注我国宏观教育结构的合理性,开展重大教育决策研究,大力倡导终身教育、学习型社会建设和教育公平;倡导运用现代科学技术最新成果发展教育,通过开放式教育和创新型教育扩大人民接受优质教育的机会;她注重"睁眼看世界",促进中外文化教育交流借鉴,以深刻的国际理解和广阔的世界眼光关注中国教育在世界教育发展大格局中的位置等一系列根本性、具有长远意义的重大问题;领导创立中国教育发展战略学会是她践行教育战略思想的具体体现。郝克明教育思想博大精深,在此着重从其宏观教育研究和影响方面进行尝试性概括和梳理。

一、胸怀大局，为优化我国教育结构、建设学习型社会而上下求索

教育发展战略研究以教育改革和发展中的全局性、根本性、长远性的重大问题为研究对象，服务于宏观教育决策。在改革开放之后的教育研究中，郝克明先生十分敏锐地看到，在过去的计划经济体制下形成的宏观教育结构与新的社会主义市场经济的发展要求远远不适应。这一带有战略性的根本问题不解决，科教兴国、人才强国就会成为一句空话。因此，她针对 20 世纪 80 年代我国人才短缺、人才结构不合理等问题，"六五"期间重点攻关中国高等教育结构问题，"七五"期间着重解决应用学科高层次专门人才培养途径多样化问题。20 世纪 90 年代她把研究视野从高等教育扩展到至关重要的职业教育和其他各级各类教育，提出建立各级各类教育的相互衔接沟通、能面向社会经济发展需要进行自主调节的教育结构体系的问题。这体现在她"八五"期间"走向 21 世纪的中国教育"和"九五"期间"当代中国教育结构体系研究"的研究成果中。郝克明先生始终将整个教育系统纳入自己的战略研究视野之中，不仅高度重视高等教育和拔尖创新人才培养，也多次强调培养经济发展所急需的实用型人才的职业教育的意义。早在 1984 年，她就强调"职业教育是我国教育结构体系的重要组成部分"，在 2000 年再次强调"在我国教育的新发展中应高度重视职业教育的发展"。进入 21 世纪之后，在研究教育结构体系的基础上，她进一步突出强调研究终身学习和学习型社会建设，把基础教育、职业教育、高等教育、职后培训等各级各类教育作为一个整体，构建和优化整个教育体系，并高度重视信息技术发展对教育的革命性影响，推动现代科学技术最新成果在教育领域中广泛运用，强调信息时代和网络社会中发展开放式教育的革命性意义。这一阶段的成果主要体现在《跨进信息型社会——关于建设终身教育体系和学习型社会的研究》等一系列重要著作中。

二、高瞻远瞩，为中国教育面向世界、提高国际化和现代化水平而不懈努力

　　站得高才能看得远。作为一位教育战略家，郝克明先生不仅高度重视以马克思列宁主义、邓小平理论、"三个代表"重要思想和科学发展观为指导，注重充分吸收哲学、经济学、政治学、社会学、管理学、未来学等相关学科的理论成果，注重深入研究教育本质、教育功能、教育方针、教育决策等重大战略问题，而且特别注重从系统科学的角度分析教育。作为一个系统，教育本身由各级各类教育的子系统构成；同时，教育系统又是整个社会的一个子系统，与政治、经济、文化、科技等其他子系统之间相互制约和影响，要"打破就教育论教育""要跳出教育看教育"。在我国实行改革开放基本国策和经济全球化日趋明显的今天，中国又是全球大系统中的一部分。因此，她非常注重"睁眼看世界"，密切关注中国教育在世界教育发展大格局中的地位。在她主持的众多科研课题中，几乎都有国际比较部分。她亲力亲为，多次考察了美国、英国、德国等世界主要国家的教育状况。每到一处，她都以忘我的热情、敏锐的眼光去观察、思考和学习借鉴。例如，在1986年考察美国应用学科高层次人才培养模式时，她率领的考察团在20天里对包括美国教育部、最高法院、国家科学基金会、世界银行、福特汽车公司、全美律师协会、美国高等教育协会和众多高校等在内的44个单位进行了考察，完成了具有重要参考价值的考察报告；在1990年考察德国教育体系时，在两周时间里对德国科教部、德国文献资料中心、联邦职业教育研究所、西门子慕尼黑培训中心、慕尼黑工业大学等17个机构进行了访问，以至于接待访问的时任巴伐利亚州教育部部长伯克博士由衷地赞叹：很少看到国外考察团那么勤奋，提出那么多深刻的问题。在郝克明先生的主持下，国家教育发展研究中心编译出版了七卷《发达国家教育改革的动向和趋势》，对于了解借鉴国际教育改革和发展

经验发挥了重要作用。她长期担任中国教育国际交流协会的负责人,通过组织出国交流、举办国际教育论坛等活动,有力地促进了中外教育的交流与合作,促进了中国教育国际化和现代化水平的提高。

三、脚踏实地,以严谨扎实的研究成果为我国教育政策和教育战略的制定提供坚实依据

郝克明先生指出教育发展战略研究不是为了研究而研究,她说,"我从大量历史经验的体悟中,深感宏观决策的正确是教育事业发展和成功的最重要的因素,而宏观决策的失误则是最大的失误,这也是我把全部精力投入到教育宏观决策研究的根本动因"。她认为,教育是培养人的工作,与经济、科技、文化、人口以及整个社会的发展有着非常密切的联系。教育的战略决策正确与否,不仅影响当代,甚至影响到几代人;不仅影响教育本身,而且影响国家发展全局。宏观教育研究正是服务于国家重大教育政策和发展战略的研究,研究质量直接影响到决策的科学性,因而她特别强调研究方法科学、过程严谨、结论可靠。她领导的研究团队大都是从教育发展战略需求出发,开展跨行业、跨部门、多学科的团队合作,以大规模的调查研究、深入访谈、案例分析和国际比较为基础,把理论研究和实证研究相结合,把现状研究和历史比较、国际比较相结合,深入分析社会发展各种因素与教育发展之间的相互关系,为教育改革和发展提供具有坚实研究基础的政策方案。例如,在"应用学科高层次专门人才培养途径多样化研究"中,课题组的各类专家和研究人员达到618人,来自151个不同单位,作为调研对象或试验点的单位606个,对4132位各类专门人才进行了调查,举办各类座谈会421次。在"当代中国教育结构体系研究"中,组织了来自国家教育发展研究中心、教育部有关司局和农业、电子信息、冶金等8个行业的部委以及北京大学等4所高校的近百名专家和研究人员,运用系统论的方法,在我国第一、二、三产业中,选取农业、建

筑、金融等8个行业，从不同行业的技术结构和人才结构入手，运用多种方法，研究不同行业对教育结构的影响和要求，进而研究关于调整教育结构的某些规律性的认识以及建构适应未来社会发展变化的教育结构体系的相关原则。她是中国教育科学界唯一一位从"六五"规划到"十一五"规划连续六次承担国家哲学社会科学规划重大研究项目的专家，每项研究成果都获得了国家级奖励。

她主持的多项研究都受到国家教育主管部门的高度重视，很多成果都直接转化为政策决策。例如，有关"开拓多种途径培养应用学科高层次专门人才"的研究和政策建议曾受到国务院和国家教委领导的高度重视，许多意见和建议被政府相关决策采纳；"21世纪初中国教育发展战略研究"的许多成果和建议则直接被《中国教育改革和发展纲要》所采纳；"建构学习型社会和终身学习体系研究"为我国制定终身教育相关制度和政策提供了重要的理论和政策依据。在她的领导下，国家教育发展研究中心的诸多研究成果受到了国务院和教育部领导的充分肯定和高度评价。

作为一位教育战略家，郝克明先生也是多项重大教育政策制定的直接参与者。作为《中国教育改革和发展纲要》起草小组的主要成员之一，她在我国教育发展战略选择、办学目标、财政投入、办学体制等重大问题的决策过程中，都特别注重充分吸收相关教育研究的成果。纲要制定过程被视为中国"教育重大决策科学化、民主化的一个范例"。此外，郝克明先生在落实《中共中央关于教育体制改革的决定》、确定国家财政性教育经费投入政策、国家开放大学建设等一系列重大决策中都发挥了重要作用，并在推进一些地方和行业教育政策制定过程中发挥了重要影响。由于郝克明先生在宏观教育研究领域取得的巨大成绩，美国哥伦比亚大学教育学院于2004年授予她"教育与人类发展杰出贡献奖"，这个奖项是该院授予世界上对教育和人类发展作出杰出贡献的个人的最高荣誉。

四、创建机构、培养队伍，为教育发展战略与政策研究持续健康发展奠定组织基础

中国拥有世界上规模最大的教育人口，中国教育发展也面临着极为复杂、急剧变化的内外环境和严峻挑战。为使中国教育发展战略研究和宏观政策研究长期可持续健康发展，郝克明先生以战略家的眼光，积极倡导建立相关机构，培养高水平的研究队伍。在她的大力推动下，国家教委于1986年成立了国家教育发展研究中心。该中心从一开始就定位为国家教育宏观决策的参谋和咨询机构，其目的就是要加强教育宏观决策的研究，促进教育改革和发展。中心成立以来，不辱使命，完成了大量高水平的研究课题，受到政府和学界的高度赞誉，成为我国重大教育政策制定过程中一支不可或缺的重要力量。2005年10月，郝克明先生又亲自领导创立了中国教育发展战略学会，明确其任务和宗旨是"推动我国教育发展战略和重大问题的研究及国内外学术交流，为繁荣学术，为促进国家、地区、行业和部门的教育发展和教育重大决策科学化、民主化的进程服务"。这是她对我国宏观教育研究事业发展作出的又一重大贡献。学会的成立，顺应了世界教育主流趋势和中国教育改革与发展的需要，是我国教育发展战略研究进入新阶段的重要标志。学会成立以来，在郝克明先生领导下，不断完善组织结构，逐渐扩大分支机构，广泛吸收不同部门、不同领域和学科的专家加入学会，开展了大量具有重大战略意义的跨学科的宏观教育决策研究和高水平的学术交流活动，促进了各领域专家之间、理论工作者和教育实际工作者之间的交流与合作，也促进了我国教育发展战略研究队伍的形成和发展壮大。

总之，郝克明先生在宏观教育研究领域为我们树立了一块巨大的丰碑，她为我国教育发展战略研究事业奠定了坚实的基础。郝克明先生多次告诉我们，她所做的工作只是一个开始。的确，教育发展战略和宏观政

策研究前景广阔,任重道远,我们希望有更多的学界同仁加入这一领域,共同发展这一伟大事业。这也应该是郝克明先生最想看到的。

(本文系作者在 2013 年 9 月 13 日郝克明教育科研成果研讨会上的发言)

第五部分 研讨会发言和其他专论辑录

锲而不舍　与时俱进
——郝克明教授宏观教育研究的学术精神与学术风格

谈松华

郝克明教授是我国宏观教育研究的奠基者和开拓者。早在20世纪80年代中期，她就主持开展了"中国高等教育结构研究"和"应用学科高层次专门人才培养途径多样化研究"等课题研究，开启了我国教育宏观决策研究的先河，对我国高等教育改革产生了积极的推动作用。1986年，在郝克明教授的倡议和组织下，成立了我国重要的教育决策咨询研究机构——国家教育发展研究中心，为国家教育重大决策作出了诸多历史性的贡献。进入21世纪以来，在多年研究积累的基础上，她以极大的热情和精力，致力于宏观教育研究系统的建设。中国教育发展战略学会的成立，标志着我国宏观教育研究系统已经形成，将在专业性和群众性结合的基础上，把宏观教育研究持续、深入地开展下去。郝克明教授持之以恒的努力，使她在我国宏观教育研究的学科建设、组织建设、系统建设上都作出了开创性、主导性的贡献。

我随郝克明教授学习、研究和工作已整整二十五年。从1988年参加国务院教育工作研讨小组，起草《中国教育改革和发展纲要》，就在她的具体领导下，参与国家层面教育宏观决策研究，不仅进行了"走向21世纪的中国教育——中国教育发展战略研究"等重大课题研究，而且参与了第二次全国教育工作会议重要文件的起草工作，为全国第一次素质教育经验交流会做准备进行了专题调研。在诸多重要课题和重大问题研究的过程中,通过多种形式交流和研讨,我受到她的启发和指导。尤其是她的学术精神与学术风格更是一种精神财富,对教育学界特别是宏观教育研究将产生长远的影响。

学术精神与学术风格是学者独立个性的体现。郝克明教授在诸多方面体现了她独特的学术精神与学术风格,我个人体验最深的是锲而不舍和与时俱进的精神。锲而不舍是一种学术上坚持不懈的追求精神,做研究、做学问不能急功近利、浅学辄止,而是要终身追求。郝克明教授从20世纪80年代开始,一直没有停止研究探索的步伐,特别可贵的是过了古稀之年,仍然孜孜不倦地组织并亲自主持几个国家级重大课题研究,其成果得到国家有关领导同志的高度评价,产生了重要的社会影响。与时俱进是学术上的开拓创新精神。纵观郝克明教授在不同时期所研究的课题,可以清晰地看到,它们都与当时国内外教育发展出现的新情况、新问题,特别是与国家教育重大决策紧密相关。从高等教育结构、研究生教育模式改革、教育发展战略到义务教育的普及与提高、独生子女教育、终身学习体系、开放大学建设等问题,都是教育改革和发展实践所提出的新问题,她以新的视角和观点研究这些问题,并且做了在理论和实践上有创新意义的回答。

她的学术风格,我的体会是:理论与实践相结合、国内与国际相结合、宏观与微观相结合、整体与局部结合。

一、从全球视野、国家层面观察和研究教育

郝克明教授在不同场合多次强调,研究教育问题特别是宏观教育问题,不能就教育论教育,而是要跳出教育看教育,把教育放到社会大背景中研究,提出对策。她认为教育是社会系统的一个子系统,与社会经济、政治、科技、文化等系统存在着相互作用的关系,她非常重视经济社会的发展变化对教育的影响。她在不同时期所做的课题研究和所发表的文

章,都有关于时代特征、社会背景和历史沿革的研究分析,其中 20 世纪 90 年代初关于社会主义市场经济与教育改革的研究,20 世纪 90 年代末关于知识经济与教育创新的研究,21 世纪初关于学习型社会与终身学习体系的研究等,突出地反映了她紧跟时代步伐、与时俱进的精神,也体现了她从全球和国家视角研究教育问题的风格。特别需要强调的是,郝克明教授把教育国际化作为当今世界教育发展的重要趋势,致力于教育研究的国际学术交流。早在 1989 年年底,她担任国家教育发展研究中心主任期间,就主持了与联合国教科文组织共同举办的以"学会关心:面向 21 世纪教育"为主题的国际研讨会,会议报告《未来教育面临的困惑与挑战——面向 21 世纪教育国际研讨会论文集》在国际教育界产生了广泛而深远的影响。在她的直接组织下,国家教育发展研究中心与美国著名的教育政策研究机构卡内基教学促进基金会进行了十余年的研究合作与交流。在她担任中国教育国际交流协会第一副会长期间,每年举办不同主题的国际教育论坛,促进了我国与国际教育界的学术交流。

二、以整体系统的理念和方法,研究教育的全局性战略问题

长期以来,教育学术研究侧重于基础教育的学校教育研究。20 世纪 80 年代初,高等教育研究开始兴起并迅速发展,而职业教育研究显得滞后和相对薄弱,至于各级各类教育的相互关系及整体研究更可以说是教育研究中的空白,郝克明教授的宏观教育研究填补了教育科学研究的这一空白,开拓了教育科学的新领域。她把各级各类教育作为整个教育体系的组成部分,从整体系统的角度研究其结构及相互关系,

20 世纪 80 年代中期"中国高等教育结构研究"和 90 年代后期"当代中国教育结构体系研究",都贯穿了系统分析和整体把握的理论和方法,形成了具有现实指导意义的对策建议。例如,"应用型高层次人才培养途径的多样化以及在研究生教育中设立专业性学位"的重大举措,"义务教

育在教育发展中重中之重"的地位,"以提高质量为重点,积极稳妥地发展高等教育"的方针,"重点发展中等职业教育,保持与高中阶段教育的合理结构",等等,都对国家教育决策产生了重要作用。

三、注重科学研究的持续积累,汇聚于终身学习体系建设的理论和实践研究中

进入21世纪以来,郝克明教授致力于我国终身学习体系建设问题的研究。这既是世界教育发展的共同主题,符合世界教育潮流,同时也是她多年宏观教育研究成果的集聚和延伸。从郝克明教授多年研究的轨迹,即中国高等教育结构—国家教育发展战略—中国教育结构体系,可以看出,结构体系研究应该是她科学研究的主线之一。在前期她更多关注的是学校正规教育部分,而后,特别是在起草《国家中长期教育改革和发展规划纲要(2010—2020年)》的过程中,郝克明教授担任继续教育专题组组长,组织各方面专家对继续教育(包括非正规教育和非正式学习)进行了全面系统的研究,提出了加快继续教育的战略和政策建议。如此长期的专注和积累,实际上已经为终身教育体系研究奠定了坚实基础。与此同时,她又与国际组织和高校比较教育研究机构合作,对国际教育界终身学习的理论和实践进行了深入研究。因此,郝克明教授关于终身学习体系的研究,汇聚了她多年对于学校教育系统、各级各类教育结构以及继续教育发展等多方面的成果,成为涵盖整个教育系统的集大成之作。

四、注重问题导向,注重调查研究,从理论与实践的结合上不断提高科学研究和决策咨询水平

教育科学就其基本属性而言,应该属于应用学科,其最重要的目的在

于探寻教育规律,为人的全面发展和社会的和谐发展服务。因此,人的发展和社会发展的客观需要应该是教育研究的出发点和立足点。尤其是宏观教育研究更要把教育改革和发展的客观需要作为自己的出发点和立足点,而不是离开客观需要和客观实际,单纯从理论演绎中得出结论,提出决策建议。

郝克明教授始终坚持从客观存在的实际问题出发,坚持深入实际,进行全面而系统的调查研究,致力于研究解决教育改革和发展中的真问题、重大问题。从"应用学科高层次专门人才培养途径多样化研究"中,她亲自带队到政法系统对法律人才培养途径进行调研,到教育战略研究中对于苏南地区教育现代化的调研,教育结构体系研究中对于职工培训的问卷调研,独生子女研究中对于独生子女特征的问卷调研,乃至近年来对于开放大学的案例调研,都体现了这种深入实际、唯真唯实的治学精神。

这里,我想侧重谈谈两次跟随郝克明教授进行实际调研的体会。一次是1990年在进行教育战略研究时,到苏州、无锡等地对苏南教育现代化经验进行实地调研。她带队深入城乡,尤其是农村中小学,调研苏南地区在基本实现普及九年义务教育后教育发展面临的新情况、新问题;对于江苏提出的推进区域教育现代化实验的部署进行了调查和研讨,肯定了经济发达地区把推进教育现代化作为教育发展新阶段的新任务;同时,强调了推进教育现代化中政府与学校的作用。这些问题和想法都是在与基层的校长、教师以及地方政府部门的领导座谈研讨后所形成的共识,体现了从问题入手、以事实为依据、从经验向理性提升的思想路线,体现了调研的过程就是学习的过程。另一次是1997年,为筹备全国素质教育经验交流会,到山东烟台进行案例调研和经验总结,先后到多个区县实地考察座谈。我印象极深的是她花很长时间和农村学校校长、教师进行深入交谈,还进教室听课,向学生提问题,和学生交流,得到学校教学的第一手材料,为研究素质教育、起草相关的报告提供了实证依据,对增进素质教育共识、明确素质教育基本内涵产生了积极作用。

这次研讨会在郝克明教授八十寿辰举办,具有更加特殊的意义。我相信我们都有一个共同的心愿:用学习和研究她的教育思想的实际行动,祝福她八十华诞,祝愿她健康幸福,永葆学术青春。

(本文系作者在 2013 年 9 月 13 日郝克明教育科研成果研讨会上的发言)

第五部分 研讨会发言和其他专论辑录

求真务实、不懈耕耘的领路人

张 力

今天,我们在这里集会,就郝克明教授的教育思想进行研讨和交流,意义十分深远。首先,我谨代表郝克明教授创立的国家教育发展研究中心的全体同事,对郝克明教授在教育战略研究上的卓越贡献表达崇高的敬意,对她给予我们的亲切教诲致以衷心的感谢!

今年,郝克明教授已从教六十一年。自20世纪80年代初从北京大学调入教育部工作以来,她曾担任教育部政策研究室主任、国家教委专职委员、国家教育发展研究中心主任。从一线退下来以后,她担任中心专家咨询委员会主任,后来又亲自创建了中国教育发展战略学会并担任会长至今。在过去近三十年的岁月中,她为我国教育战略研究和学科建设作出了开创性的贡献。

早在改革开放初期,郝克明教授就是1985年《中共中央关于教育体制改革的决定》调研起草的主要参与者之一,是1993年党中央、国务院《中国教育改革和发展纲要》及其实施意见调研起草的主要负责人之一,也为同年十四届三中全会有关建立社会主义市场经济体制若干问题的决定提供了教育领域专题调研报告。在2010年《国家中长期教育改革和发展规划纲要(2010—2020年)》的调研起草过程中,她担任继续教育专题组长。国家教育咨询委员会成立后,她被聘为第一届委员并任终身教育体制机制建设组组长。可以说,她亲身参与了改革开放以来我国教育改革发展的历次重大决策研究,在教育决策咨询方面作出了重要贡献。

郝克明教授作为改革开放以来国家教育发展战略研究领域的重要咨询专家，在我国教育科学界享有崇高声望，其教育科研成果多次获国家级最高水平奖励，2004年还获得美国哥伦比亚大学颁授的"教育与人类发展杰出贡献奖"，2012年荣获教育部颁授的"全国教育科学研究突出贡献奖"。

在长期的教育科研实践中，郝克明教授形成了自己独特的教育思想、治学方法和研究品格，并对国家教育发展研究中心的教育战略与政策研究产生了极为重要的影响。下面，我愿借此机会，从两个方面谈谈体会。

一、郝克明教育思想的核心内容和重要贡献

新中国宏观教育研究，是在改革开放大潮中发轫并不断发展的，郝克明教授是这一领域当之无愧的开拓者和领跑者。郝克明教育思想的重要特征，就是始终不渝地促进教育发展与经济社会发展、人的发展的统一。2008年问世的郝克明教育文集，主标题是"教育·社会·未来"，十分透彻地反映了她的"大教育观"和研究教育问题的战略高度。概括起来，郝克明教育思想的核心内容和重要贡献，主要体现为以下"三个坚持"，为新时期我国宏观教育研究紧扣时代脉搏、回应人民关切，开辟了全新的研究境界，奠定了坚实的理论基础，谱写了重要的实践篇章。

第一，坚持教育结构与经济社会发展的结构相适应。

改革开放初期，郝克明教授还在北京大学工作时，就在《人民日报》发表了《应当改革我国高等教育结构单一化的状况》一文。当时教育处在拨乱反正阶段，大家都感到高等教育需要大发展，却很少有人意识到结构单一的问题，但她对这个问题看得很准。到教育部工作后，她在教育宏观结构研究方面倾注了很大精力。

20世纪80年代前期，郝克明教授承担了"六五"全国教育科学规划重大课题"中国高等教育结构研究"。该研究指出：当时我国高教结构存

在的问题,主要是科类结构不适应社会主义建设发展要求;层次结构不够合理,存在盲目追求高学历的倾向;办学形式比较单一;管理体制上政府宏观指导不够,同时高校缺乏必要的自主权。针对这些问题,她提出了改革我国高教结构的指导思想和原则的建议,为后来的高等教育结构调整,特别是本科与高职、普通高校与成人高校协调发展的决策提供了重要依据。这项研究获得1990年首届全国教育科学研究优秀成果奖一等奖和十一届三中全会十周年全国哲学社会科学研究优秀成果奖。

20世纪80年代后期,郝克明教授主持了"七五"全国教育科学规划重大课题"应用学科高层次专门人才培养途径多样化研究"。这项研究主要针对当时应用学科高层次人才培养脱离实际的问题,以10个专业领域及有关部门和行业为重点,深入剖析研究了高级工程师、高级农艺师、高级经济师、高级会计师、高级法官、主任医生等高层次专业技术岗位的人才知识结构与培养模式的相互关系,并在总结国内外经验及在二汽、华中农大、最高法院等单位试点的基础上,提出应用学科高层次人才培养的6种途径,即,(1)本科→实践、自学→高层次专门人才(简称自学途径);(2)本科→实践→硕士→实践→高层次专门人才(简称硕士途径);(3)本科→实践→硕士、博士→实践→高层次专门人才(简称博士途径);(4)本科→实践→规范化继续教育→实践→高层次专门人才(简称规范化继续教育途径);(5)学士1→实践→学士2→实践→高层次专门人才(简称第二学士途径);(6)本科→硕士→博士→实践→高层次专门人才(简称传统途径)。这项研究受到吴阶平、陆元九、厉以宁等专家以及国务院和国家教委领导的重视和好评,获得1990年首届全国教育科学研究优秀成果奖一等奖,还直接推进了我国研究生教育改革,为此后以培养应用型高层次人才为目标的专业学位的设置提供了理论基础和决策依据。

20世纪90年代,郝克明教授担纲"九五"全国教育科学规划重大课题"当代中国教育结构体系研究"。这项研究将着眼点从高等教育拓展到世纪之交我国教育结构体系全局,深入分析了构建社会主义市场经济体制、推动经济增长方式根本性转变和产业结构战略性调整、人口结构变化和人民群众教育需求增长等给教育带来的新挑战、新机遇，提出教育必须主动为社会主义现代化建设服务、重视人才类型多样性与教育结构体系多样化及终身学习关系、重视岗位需求多样性和人才知识可迁移性与教育结构体系关系、处理好知识经济挑战与社会主义初级阶段关系、教育结构调整要遵循教育自身发展规律等5条指导原则。该研究通过对8个行业人力资源结构现状和趋势的调查，预测了我国教育结构体系发展趋势：在巩固普及九年义务教育基础上，高中阶段教育及高等教育规模将有较大扩展；教育类型、层次、形式将更加多样化；构建社会化、开放的终身教育体系需求增大；教育管理体系将向政府主导和多主体参与调控的模式转变；等等。特别值得提及的是，该研究认为相当长时期内我国对中职毕业生仍有很大需求，这一结论与当时世界银行有关专家的研究结论相反，但事实证明上述研究结论更为符合中国实际。这项研究获得2006年第三届全国教育科学研究优秀成果奖一等奖。

进入21世纪，郝克明教授又主持了"十五"全国教育科学规划重大课题"跨进学习社会——关于建设终身学习体系和学习型社会的研究"。这项研究深入分析了我国的终身学习需求，提出要加快构建终身教育体系和学习型社会的目标。在此基础上，该研究提出了我国建设终身教育体系和学习型社会的主要任务，一是充分发挥学校在建设终身教育体系和学习型社会中的基础性作用；二是大力发展培训和继续教育，满足广大社会成员特别是从业劳动者日益增长的学习和培训需求；三是加强学习型组织和学习型社区建设，推动社会学习化；四是大力促进教育信息化，形成覆盖全社会的教育培训网络和满足各种类型学习者需要的学习资源；五是创新教育制度和体制机制，加强教育管理上的统筹协调，建立终身教育质量保障和学习认证制度，建立各种教育资源开放和共享机制。这项研究获得2010年第四届全国教育科学研究优秀成果奖一等奖，还得到国务院和教育部领导的专门批示，为教育规划纲要确立构建终身教育体系、建设学习型社会的战略目标与任务提供了决策支撑。

第二，坚持教育发展战略与经济社会发展战略相协调。

坚持从经济社会发展战略的全局出发研究教育发展战略，是郝克明教授教育思想的重要特色。教育发展战略研究是对教育发展涉及的全局性、长期性、前瞻性问题的综合研究，注重对国家教育发展的战略目标、战略任务、战略重点以及重大政策等的研究，要求研究者能对经济社会发展战略对教育的需求作出准确判断，要求对未来教育发展走势作出敏锐分析，郝克明教授无疑是国内这一领域的领军人物。

20世纪90年代初，郝克明教授主持了"八五"全国教育科学规划重大课题"21世纪初中国教育发展战略研究"。这项研究的战略规划期为1992—2010年，十分具有前瞻性。在分析我国人口多、底子薄等社会主义初级阶段基本国情、影响教育发展的主要因素以及我国教育发展的历史、现状和发展趋势的基础上，该研究就世纪之交我国教育发展的指导思想、战略目标和战略举措等提出了一系列重要的政策建议。以"九年义务教育发展目标"为例，该研究通过对全国2400多个县13项义务教育相关数据的分析，提出应加快"普九"进程，积极创造条件，争取在2000年实现"普九"目标；还提出要努力增加教育投入，财政性教育经费占国民生产总值比例至少应达到4%。该研究报告刊发在《中国社会科学》上以后，引起广泛关注，并为《中国教育改革和发展纲要》中提出到2000年"基本普及九年义务教育、基本扫除青壮年文盲"的"两基"目标，以及财政性教育经费占国内生产总值4%的目标等提供了决策基础。该成果获首届国家哲学社会科学基金项目优秀成果奖一等奖、1999年第二届全国教育科学研究优秀成果奖一等奖。

郝克明教授组织编制中国首部教育地图集，被称为中国教育科学和地图科学的创举，也是宏观教育战略研究方法创新的一个重要尝试。《中国教育地图集》以直观形象的地图形式，运用包括1600万个数据的240幅彩色地图和400多幅图表，展示中华人民共和国成立以来特别是改革开放以来的教育发展状况，反映了我国教育发展与经济、人口、民族、地理环境等之间的关系；在反映全国各级各类教育发展平均水平的同时，显示了各省、自治区、直辖市教育发展水平,其中部分指标还展示了全国2000多个县的情况,定量、定位地体现了中国不同区域教育发展水平和特征。该地图集为《中国教育改革和发展纲要》的分区规划实施发挥了积极促进作用,获1998年教育部科技进步成果一等奖,以中科院陈述彭院士为首的专家组给予地图集"世界领先水平"的高度评价。

第三,坚持把体制改革和制度创新作为教育发展的根本动力。

教育改革是教育事业发展的强大动力,郝克明教授十分重视教育改革对教育发展的巨大促进作用,坚持把教育体制改革和制度创新放在教育战略研究的重要位置上,充分体现了她与时俱进、勇于创新的精神。

20世纪90年代,郝克明教授曾对中央业务部门办学和管理体制改革提出过真知灼见。当时,我国高教办学体制"条块分割"问题十分明显,造成专业重复设置、教育资源浪费、办学效益不高和低水平办学的局面。随着社会主义市场经济体制的建立,郝克明教授组织开展中央业务部门办学与管理体制改革研究,对中央业务部门办学的历史沿革及经验教训进行了分析,认为过去计划经济体制下的"条块分割"办学格局已不适应市场经济的要求,提出需要建立"条块有机结合"的新体制,更好地发挥中央、地方和社会各方面的办学积极性,优化高教结构,提高办学效益。该研究还提出,过去高教管理体制的调整,只是解决学校隶属关系,而没有真正给学校办学自主权,这为此后的高教管理体制改革做了舆论准备。

进入21世纪以来,郝克明教授把探索构建终身教育体系和建设学习型社会作为其教育战略研究新的突破口,提出了一系列重大政策建议。世纪之交,郝克明教授敏锐地察觉到构建终身教育和建设学习型社会对促进中国发展的重大战略意义,将教育战略研究的主要着眼点转向终身教育。过去十多年来,她率领老中青结合的科研团队,撰写、出版了一系列有关终身教育和学习型社会建设的专著、论文,填补了我国教育战略研究中的空白。"十五"期间,她牵头完成了全国教育科学规划重大研究项目"建设终身学习体系和学习型社会的研究",为终身教育战略研究奠定了坚实基础。在《国家中长期教育改革和发展规划纲要(2010—2020

年)》起草过程中,她作为继续教育战略研究专题组组长,对纲要有关终身教育和继续教育的内容提出了重要的政策建议。她始终强调以"大教育"观念坚持终身教育体系的完整性,强调要以终身学习思想引领学校教育改革,强调构建终身学习和人才成长的立交桥。纲要颁布实施以后,作为国家教育咨询委员会终身教育体制机制组组长,她不遗余力地推动纲要有关构建终身教育体系和建设学习型社会的战略任务的落实工作。在推进学习型社会建设方面,她提出了学习型社会评价指标体系基本框架,通过发表文章、主持国际国内教育研讨会、主持编写学习型城市建设案例、实地考察等途径,积极推进我国的学习型社会建设工作。她认为,建设中国特色的学习型社会,是把我国这样一个人口大国建设成人力资源强国的重大战略举措,也是更新教育理念、突破传统教育体制机制障碍的重大战略机遇。郝克明教授在推进终身教育体系和学习型社会建设方面的政策建议,受到国务院和教育部领导的高度重视。

  郝克明教授在研究终身学习的过程中,敏锐地预见到现代信息技术可能带给教育的深刻变革。她指出,以计算机、多媒体、网络技术为主要标志的现代教育技术的应用,将使教育的发展方式发生革命性的变化。尤其是终身学习思潮与飞速发展的信息技术紧密结合,正在酝酿和引发前所未有的深刻的教育革命,我们要不失时机、加快行动,通过教育信息化和现代远程教育的途径创新,实现终身学习体系和学习型社会建设的跨越式发展。她就如何建立突破时空学习的信息化公共服务平台提出具体构想,"以开放的理念、网络通讯和多媒体技术为支撑的远程开放教育,将突破时空的限制,使任何人在任何时候、任何地点参与学习成为可能,要充分运用现代信息技术,以天网和地网为载体,有效地整合高等学校、行业、企业的优质教育资源,积极构建遍布各个领域和面向社会大众各种不同的学习需求的终身教育和公共服务平台,努力为全体社会成员提供不受时间和空间限制的各种高质量的教育和学习服务,这不仅是我国建设学习型社会的重大战略举措,而且是重要的基础建设"。在现代信息技术与教育研究中她尤其关注开放大学的改革和发展,把开放大学建设作为完善终身教育体系、依托现代信息技术扩大教育机会、提高教育质量和降低教育成本的重要机遇,实现"人人学习、时时学习、处处学习"的重要抓手。她明确指出我国电大系统改革创新和战略转型的根本方向,强调"要继承发扬我国电大系统三十多年来所形成的优良传统;同时必须与时俱进、解放思想,深入推进内部管理体制、运行机制、用人制度、分配办法等一系列改革与创新,全面提升办学质量和服务水平,使老电大脱胎换骨,努力向一流水平中国特色开放大学转型"。在她的大力推动和悉心指导下,国家开放大学和北京、上海、云南、江苏、广东5所地方开放大学顺利启动了试点工作。最近,她还亲自发起了最新兴起的MOOCs国际研讨会。

近年来,郝克明教授还从国家战略高度开展了人才培养模式改革的研究。着眼于国家发展的人才需求,郝克明教授十分重视人才培养模式的改革,对提高人才培养质量、推进素质教育等倾注了很大热情。她注重从国家发展的战略高度来研究人的培养问题。比如,"十一五"期间,郝克明教授组织开展全国教育科学规划重大课题"独生子女群体与民族竞争力研究",在大规模数据调研基础上,对我国独生子女教育的重要性、特点、优势及问题等进行了分析,提出了加强和改进独生子女教育,进一步深化教育内容、教学方法和教学组织改革,加强学校教育、家庭教育和社会教育的联系与合作等重要的政策建议,这些建议对促进独生子女群体的健康成长乃至提高我国人才培养质量都具有重要价值。

二、郝克明教授的治学方法和研究品格

郝克明教授从事教育宏观决策研究数十年,形成了鲜明的理论特色,积累了丰厚的实践经验。她的教育思想、治学方法和研究品格,非常值得宏观教育政策研究者学习、领会和借鉴。她曾经指出:"宏观决策的正确是教育事业发展和成功最重要的因素,而宏观决策的失误则是最大的失

误。教育的重大决策正确与否,一方面直接影响经济和社会的发展,另一方面影响人特别是儿童和青少年的成长和发展,不仅影响当代,还会影响到几代人。要保证教育决策的正确,实现教育决策的科学化,就必须把教育决策建立在坚实的教育决策研究基础之上。"正是基于这种认识和感悟,她在长期的研究实践中形成了"五个注重"的显著特点。

第一,注重从国家战略全局提炼教育战略研究课题。

教育系统是社会大系统中的子系统,与社会其他子系统如政治、经济、科技、文化、人口、民族习俗、自然条件等相互影响和制约。教育战略是国家战略的重要组成部分。郝克明教授认为,要正确全面地研究教育问题,除了研究教育自身发展规律,还应把教育放在社会环境中,注意考察经济社会发展和人的发展对教育提出的客观要求。她在聚焦重大问题研究时,始终注意深入社会领域用人部门,研究教育外部对教育改革的要求,避免采取就教育论教育、从书本到书本的研究模式。

在宏观教育科研选题上,郝克明教授认为,教育研究应当紧紧围绕教育改革发展和学科建设中的重大现实问题和理论问题,关注经济和社会发展以及人民群众对教育的新要求,切实研究解决一些对教育发展和改革具有重大意义的问题,力争对教育发展和改革以及教育学科建设有所贡献。比如,她主持的高教结构研究和应用学科高层次专门人才培养途径多样化研究,就是牢牢把握高等教育为社会主义现代化建设服务的全局性问题;还有终身学习体系和开放大学研究等,凡对国家教育决策产生深远影响的研究选题,也都是从实践中来。郝克明教授深刻地指出,只有鲜活的、不断发展着的教育实践,才是教育科研的深厚源泉和不竭动力。

认识世界的目的是为了改造世界。郝克明教授认为,如同"经济学是经世致用之学"一样,教育学也是经世致用之学。她引述历史学家奥斯卡·韩德林的话说,"我们这忧患的地球再也承担不起禁锢在象牙塔里的奢侈研究了。学术必须证明自己的价值,不是以其自己的标准来证明,而是通过对国家和对世界的服务来证明"。21世纪头二十年是中国经济社会发展的战略机遇期与矛盾凸显期,社会转型对教育提出许多新的挑战,教育发展的诸多现实问题需要在认真研究的基础上做出回答,教育宏观决策研究领域是一个正在被开垦的处女地,可以大有作为。

第二,注重理论与实践相结合、定性分析同定量分析相结合。

教育科学是实践性很强的科学,郝克明教授经常谈到,提高研究水平,要有正确的研究思路和方法,必须加强理论和实践的结合。她所牵头的课题研究,既强调理论指导,又重视调查研究。例如,在开展中央业务部门办学和管理体制改革研究时,课题组邀请近40个中央部委教育司局、部分省市教育行政部门的负责同志和一些高校书记校长,共计400余人进行20余次座谈,围绕部门办学的历史发展、经验教训、存在问题、改革思路等展开研讨。在终身学习体系课题研究中,课题组对全国不同发展水平的9个省154个企业近2万名员工进行问卷调查,结合世界银行委托项目对3个省100个企业3000名劳动者培训情况进行分析,不仅了解到职工培训参与率的情况、职工对培训的意见和要求,而且对影响培训参与率的相关因素(包括职工的户籍、年龄、文化程度、企业的技术含量、企业规模等)进行了分析,这是目前该领域最大样本的调查,受到了国内外同行的好评。

在调查研究中,郝克明教授十分重视定量研究与定性研究结合。比如,针对以往独生子女教育研究中定性分析多、定量分析少的状况,她主持"中国独生子女问题研究"时,实施了大规模问卷调查,在全国东、中、西部地区选择7个省市17个区、10个县的334所中小学校,对学生、家长和教师共发放问卷10万多份,并据此进行数据分析。又如应用学科高层次人才培养途径多样化研究,当时课题组选择了机械、电力、冶金、计算机、农科、法律、金融、新闻、财会和临床医学等10个学科及相关部门行业开展调研。在教育结构体系研究过程中,课题组曾以信息技术和生物工程为重点,选择8个对国民经济和高新技术发展具有较大影响的企业,对人才知识结构进行认真剖析,注意听取和分析不同领域专家的意见。

郝克明教授十分重视调查研究的科学性,重视调查研究的信度和效度。为此她十分强调研究对象的代表性。调查抽样包括简单随机抽样、分层抽样、系统抽样、整群抽样和多阶段抽样等多种方式,共同要求是要确保样本对总体的代表性。她认为,在教育宏观决策研究方面,虽然限于条件抽样可能没那么严格,但在调查对象的选择上,同样必须首先考虑代表性。例如关于全国性重大问题的调查研究,就要考虑东、中、西部不同发展水平的地区,考虑城市和农村不同的情况。又如研究经济和社会发展对人才的需求,她注意调查不同产业、不同行业、不同类型和规模的企业和社会机构。她十分强调研究设计的科学性,所进行的各种调查和座谈都要认真研究和制定调查提纲或调查问卷,注意符合调查的目的,具有针对性、相关性和适切性,还要注意引起调查对象的兴趣。由于调查提纲经过认真准备,所提问题专业、有深度,因此调查对象很愿意回答,调查会往往变成了研讨会。她还十分强调研究组织的严谨性。如开座谈会,拟定的座谈提纲需提早发给座谈会与会者,以便他们能够做好充分准备,提高调查研究的质量。关于问卷调查的组织实施,强调制定严格的调查计划和组织程序。例如在独生子女学生问卷调查中,为减少学生的顾虑和增强填写问卷的真实性,由课题组和受委托的科研机构直接发放和当场回收问卷,不经过学校和老师,同时注意调查内容的保密和保护被调查者的个人信息。

第三,注重深度分析,将研究从感性认识上升到理性认识。

注意把感性认识上升到理性认识的高度,才能概括出科学的概念、观点和理论。在进行研究分析时,郝克明教授特别强调教育宏观决策研究应具有的"四观"。

一是社会观。郝克明教授总是把教育改革和发展中的重大问题放在社会发展的大背景中进行分析,这从前面谈到的应用学科高层次专门人才培养途径多样化研究、21世纪初中国教育发展战略研究等有关研究中能够深刻地感受到。

二是历史观。郝克明教授进行的关于研究生培养规格的研究,需要在社会发展的大背景中进行研究并作历史的考察,才能得出科学的结论。在科学技术和生产水平低下的古代社会和工业社会的初期,研究生都是培养师资和研究工作者的,西欧中世纪的"博士"实际上就是大学教师的资格学位。到了现代,社会的许多实际工作部门需要一批侧重于解决实际问题的应用型高层次专门人才,于是,有的国家(如美国等)就把学位分为学术性学位和专业性学位两种,前者侧重理论研究,后者侧重解决实际问题,同时,还开辟了其他的培养高层次专门人才的途径,如第二学士学位途径、继续教育途径等。正是充分考虑了历史发展趋势,课题组才提出了较为符合实际的政策建议。

又如她在关于中央业务部门办学和管理体制改革的研究中,注意研究中央业务部门办学的历史背景、在历史上发挥的积极作用和当前存在的问题,注意研究中华人民共和国成立以来我国高等教育办学和管理体制所经历的历次重大变化及其历史经验教训,其中一个重要的经验教训就是我国高等教育管理体制改革的几度"下放"与"上收"的反复,都只是解决学校的领导关系问题,而没有把改革的重点放在使学校具备应有的办学自主权上,结果换来换去,不过是换了一种依附关系,换了个"婆婆"。这触及了高等教育管理体制改革的本质。解决这一问题现在依然是高等教育领域中的重要任务。

三是全局观。郝克明教授经常强调,要注意防止离开整个教育,孤立地研究某个层次和类型的教育问题。例如,20世纪90年代初确立把九年义务教育作为"重中之重",就是在我国国情、国力基础上,全面考虑各级各类教育的发展需要作出的战略选择。同样,研究高等教育的发展规模等问题,也要把它同基础教育、职业教育、继续教育联系起来进行分析。

四是国际观。郝克明教授强调要把所研究的教育问题与外国教育的同一问题进行比较。例如世纪之交我国中等职业教育出现了滑坡现象,从1998年到2004年,普职比从4:6变为6:4,一些地区特别是发达地区还提出职业教育的分流应从高中开始,中等职业教育应当取消,郝克明教授通过研究德国、瑞士、瑞典等国中等职业教育情况,也研究了美国的综合高中制度,最后得出了我国现阶段必须充分重视发展职业教育的结论。

第四,注重开展综合性、开放式的宏观教育研究。

郝克明教授反复强调,宏观教育研究要善用综合研究、团队合作和集体攻关。她领导的每一项重大研究课题,都注重与教育部和有关部委司局、各省级教育行政部门协作,注重和高校及其他教育科研机构合作,许多重大课题的参与者都在百人以上。在研究团队里,她倡导创造学术民主与学术批评的良好氛围,鼓励和支持开展学术讨论,鼓励各种不同学术观点之间的研讨与交流,相互学习,取长补短,营造风清气正的治学氛围。在担任国家教育发展研究中心主任期间,她建立了兼职研究员和专家咨询制度,从全国著名专家学者中先后聘请了兼职研究人员数十人,咨询专家近百人。从一线领导岗位退下来后,她作为中心专家咨询委员会主任,继续致力于推进中心的开放式政策研究。

由于宏观教育研究的复杂性,郝克明教授在教育战略和宏观政策研究中鼓励各种不同意见或方案的争论和比较,坚持以理服人。例如,20世纪90年代初配合《中国教育改革和发展纲要》调研起草工作,郝克明教授建议对2000年高教总规模进行预测,以1990年340万人为基数,当时不同专家组提交了三种方案。郝克明教授的专家组提出650万人的方案,但也有专家组提出400万的"低方案",还有专家组提出800万的"高方案"。经过充分的辩论,最后多数人同意郝克明教授组的"中方案",体现了她坚持实事求是、以理服人的品格。

第五,注重把借鉴国际经验同把握中国国情相结合。

郝克明教授十分重视在教育战略研究中"面向世界",始终坚持从经济全球化环境下应对竞争需求出发,分析借鉴国外有益经验,提升中国教育战略研究水平。1989年,她领导国家教育发展研究中心与联合国教科文组织联合召开了"面向21世纪教育国际研讨会",有18个国家和十多个国外非政府组织的代表或观察员出席了会议。会议宣言提出的"学会关心"这一极富时代意义的教育理念广为传播。在我国提出建设社会主义市场经济体制后,1994年她又发起并与联合国教科文组织共同主办了市场经济与教育改革研讨会。2004年和2005年,在她的倡议和主持下,成功举办了两次终身教育国际研讨会。2010年,她领导中国教育发展战略学会,以"让学习伴随终生——终身学习的进展、发展趋势和制度建设"为主题,与联合国教科文组织、上海市人民政府和中国联合国教科文组织全国委员会成功举办了"上海国际终身学习论坛",来自有关国际组织和37个国家共200余名中外专家出席会议,对国际社会了解我国终身学习发展成就以及我国借鉴国际先进经验起到了很好的促进作用。

郝克明教授还特别注意与国外宏观教育政策研究机构开展长期而富有成效的合作。这里仅举两例。一是与美国卡内基教学促进基金会的合作。1988年,在郝克明教授与美国卡内基教学促进基金会主席、美国教育界泰斗波伊尔博士的共同推动下,中国国家教育发展研究中心与美国卡内基教学促进基金会共同签署了学术交流与合作协议,开始了双方的友好交流与合作。交流合作取得了积极成果,郝克明教授与波伊尔博士之间也建立了深厚的友谊。波伊尔博士在临终前,决定将其教育藏书捐赠给国家教育发展研究中心,以表达他对中国教育工作者的深厚友情。二是与德国著名教育专家伯克博士在职业教育等方面的交流合作。伯克博士除了两次邀请和专程陪同郝克明研究员领导的代表团考察德国的职业教育外,还就德国的职业教育和德国在战后通过电视等现代远程教育方式培训中小学教师的经验,写信给郝克明研究员介绍情况。后经时任国务院副总理兼教委主任李鹏同志批示,广播电视大学参照德国经验设立了中小学教师培训课程。1991年,在伯克博士和郝克明研究员的倡议和推动下,经国家教委批准,国家教育发展研究中心和德国有关部门签署了在苏州建立小学和初中劳动技术课教师培训中心的协议,为研究借鉴德国的先进经验,规范和提高基础教育劳技课的质量作出了贡献。

今天,我们回顾过去近三十年教育战略与宏观政策研究的历程,作为受到郝克明教授长期指导的研究人员,我和同事们深深感到,她在教育学术研究方面的高尚品格,非常值得我们后来者学习和践行。

一是始终怀有对国家人民负责的使命感与责任感。记得郝克明教授曾经说过:"没有对教育事业的满腔热情和对科学的献身精神,没有对真理追求的渴望,没有不辞劳苦、不怕困难的奋斗精神和严谨扎实的学风,要想在教育科学研究工作上有所成就几乎是不可能的。"她之所以能从事宏观教育研究数十年如一日,潜心钻研,不懈耕耘,成果丰硕,功勋卓著,根本在于她对教育事业、教育研究的热爱和对国家、社会及教育发展的高度责任感和使命感。尤其令我们敬佩的是,她能够在近二十年、若干个五年计划(或规划)时期内,连续追踪研究宏观教育结构问题,而且能与时俱进,不断提出符合教育发展新需求的结构改革思路与政策建议。这种持之以恒的对教育事业的高度责任心,值得我们好好学习。

二是始终坚持实事求是的工作作风。郝克明教授强调,教育政策研究不是诠释政策,而是要从国家战略高度出发,从教育改革发展的实际出发,实事求是地为制定教育政策提供决策依据。这就要求研究者不唯书、不唯上、不唯众、只唯实;要求研究者解放思想,实事求是,开拓创新;要求研究者不说假话,不说套话,敢于说真话和发表不同意见。她强调教育战略和政策的提出一定要有充分的根据,她对教育政策制定和执行过程中存在的体制机制障碍和形形色色的问题的把握不仅十分敏锐,而且善于透过现象看本质,对问题形成的机理和原因进行透彻的分析,并以实证分析为基础,提出解决问题的思路和政策建议。

三是始终坚持刻苦钻研的治学态度。郝克明教授告诉我们,作为教育科学工作者,要时刻警惕和注意排除一切干扰,淡泊名利,潜下心来进行扎实刻苦的研究工作,要有"甘于坐冷板凳,十年磨一剑"、埋头苦干的钻研精神,要对所研究的每个问题采取十分认真的态度,要有"不入虎穴,焉得虎子"的气概和坚强意志,防止浅尝辄止、急功近利和急于求成的浮躁风气。她把努力为教育事业发展提供高质量的研究成果,作为自己人生最大的追求、幸福和快乐。她还深情地说过:"当我在学校的课堂上、校园里,面对着一个个天真活泼的孩子对求知和健康发展的强烈的渴望与期盼,当我面对着拥有世界上最大教育资源的神州大地上教育改革的许许多多新生事物,当我面对着教育发展和改革中不断出现的巨大挑战和许多迫切需要研究解决的新问题,我经常有一种激情在涌动。"我们中心许多研究人员都为郝克明教授这种治学态度和拼搏精神所感动和鼓舞。

以上发言,是我对郝克明教授的教育思想和研究品格的一些粗浅理解,可以说,多年来,我和我的同事们从老领导郝克明教授的言传身教中深受教益。在此,我谨代表国家教育发展研究中心的全体同事,再次感谢郝克明教授对我们中心的引导与支持,对我们大家的关心和栽培。衷心希望能够继续得到您的指导和教诲,衷心祝愿您身体康健、精神愉快、永远年轻!

(本文系作者在 2013 年 9 月 13 日郝克明教育科研成果研讨会上的发言)

郝克明研究员在国际教育交流领域的重要贡献

周满生

郝克明研究员从 1983 年年初到教育部从事宏观教育发展战略研究工作以来,已经整整走过了三十年的奋斗历程。她曾先后担任教育部政策研究室、教育发展研究中心、中国教育国际交流协会、中国教育发展战略学会的主要负责人,无论从教育战略学科研究的角度,还是教育改革开放的工作层面,郝克明研究员都非常重视"请进来,走出去",非常重视学习、吸收和借鉴国外优秀的教育科研成果,积极推动国际交流与合作,不仅促进了我国教育宏观研究水平的提高,在国际教育交流领域也作出了重要贡献。

一

在从事教育发展战略研究和教育宏观政策研究的三十年中,她先后访问过英国、美国、德国、法国、俄罗斯、日本、印度、埃及、韩国、丹麦、挪威、芬兰等国家,每次出访都是在国内立项开展重大战略研究的基础上,有的放矢地带着问题去学习、调研,考察了解这些国家教育发展的状况和趋势,与这些国家教育界的同行探讨和交流,回国后认真撰写出访调研报告,为国家重大宏观决策提供咨询意见和建议。

郝克明研究员刚到教育部就任不久,应英国文化委员会的邀请,于1983年2月20日至3月5日率考察团赴英国考察高等教育。这是改革开放以后教育部派出的最早的英国教育考察团之一。郝克明研究员结合她正在进行的中国高等教育结构研究,对英国高等教育结构的层次、类型和多样化的办学形式进行了比较深入的考察,撰写了《英国高等教育层次类型的多样化——英国高等教育考察报告》。报告结合我国实际,提出高等教育的发展在专业结构、办学模式、培养途径等方面应避免趋同,不同类型的高等学校应根据社会需求和自身的条件办出特色等建议。1986年9月6日至9月28日,她率领中国高等教育考察团对美国进行了考察访问。在此之前郝克明研究员领导国家教育发展研究中心课题组,就我国经济和社会发展急需的应用型高层次专门人才培养途径问题进行了比较系统深入的研究,提出了应用学科高层次人才培养的6种途径[①],对我国研究生教育提出设置以培养应用型高层次人才为目标的专业学位的建议。这次郝克明研究员率团详细了解了美国高等学校专业硕士、博士培养模式的特点与发展趋势,深入到美国的实际工作部门和行业协会,研究听取这些部门的高级专家如大法官、银行行长、企业家、工程师协会和医学学会负责人对应用型学科高级人才培养途径模式的意见。由于考察的针对性强,考察活动成为国内研讨的继续,考察访问的收获比较大。

20世纪80年代,郝克明研究员和来华访问的德国巴伐利亚州教育部部长伯克博士就发展职业教育进行了多次交谈。1990年10月,应德国邀请,郝克明研究员率领中国教育代表团赴德考察。以往对德国教育的考察,大多侧重于双元制职业教育和高等专科教育这两个方面,而这次考察重点放在从总体上了解德国教育体系的主要特征,即不仅了解各级

---

① 六条途径分别是:(1)本科→实践、自学→高层次专门人才(简称自学途径);(2)本科→实践→硕士→实践→高层次专门人才(简称硕士途径);(3)本科→实践→硕士→博士→实践→高层次专门人才(简称博士途径);(4)本科→实践→规范化继续教育→实践→高层次专门人才(简称规范化继续教育途径);(5)学士1→实践→学士2→实践→高层次专门人才(简称第二学士途径);(6)本科→硕士→博士→实践→高层次专门人才(简称传统途径)。

各类教育的内部关系,而且侧重于了解它们之间的分工、衔接和沟通。考察报告观点鲜明,资料丰富详实,有说服力,对我国职业教育的发展有重要价值,受到教育领导决策部门的重视,时任教育部长何东昌专门批示有关部门认真学习参考。

2003年和2008年,郝克明研究员率代表团对澳大利亚、新西兰、芬兰、挪威、丹麦等国推进终身教育和终身学习情况进行了考察。代表团所写考察报告对我国研究借鉴国外建设终身学习体系的先进经验有重要参考价值。

二

1988年6月21日至25日,郝克明研究员组织召开了"当代国际高等教育改革政策研讨会"。这次国际学术讨论会的中心内容是在交流与会各国高等教育改革基本政策及主要经验的基础上,集中讨论推动高等教育面向经济、科技和社会发展的政策与措施,高等教育管理体制改革中高等学校办学自主权与政府宏观管理的关系,并探讨了未来高等教育发展与改革的趋势。来自美国、英国等十多个国家的会议代表交流了各国高等教育改革的经验,并就高等教育发展中存在的问题与发展趋势展开讨论。

1989年11月,郝克明研究员领导国家教育发展研究中心与联合国教科文组织联合召开了"面向21世纪教育国际研讨会",有18个国家和十多个国外非政府组织的代表或观察员出席了会议。万里委员长、黄华副总理出席了会议开幕式,李鹏总理接见了全体与会代表和观察员。这是联合国教科文组织第一次以"面向21世纪教育"的主题召开的大型国际研讨会。会议提出的"学会关心"的口号,得到了国际社会的普遍认同。郝克明研究员在会上做了"面向21世纪中国教育体系的若干构想"的专题报告。她指出,开放性和国际化是面向21世纪的教育的显著特征之一;中国面向21世纪的教育体系应该是民族性与国际性统一、博采众长、为我所用的开放性教育体系。

1994年11月4日至7日,郝克明研究员领导国家教育发展研究中心与联合国教科文组织中国委员会联合召开了"市场经济与教育改革"国际研讨会,来自9个国家和4个国际组织的近百名专家就"市场经济与教育体制""市场经济与人才培养""市场经济与教育投资"三个主题进行了研讨。这次会议对我国教育发展和改革如何正确对待与处理教育发展与市场经济的关系,具有前瞻性的指导作用,对世界教育的发展也有重要意义。教科文组织总干事马约尔到会做了讲话,并给予这次会议很高评价。郝克明研究员以"社会主义市场经济与中国的教育体制改革"为题在会上做了专题报告,受到与会专家的欢迎。

1994年9月,在北京举办了第四次世界妇女大会。郝克明研究员担任了非政府论坛中国教育系列论坛的总主持人。这是我国第一次举办NGO论坛,各方面经验不足,郝克明研究员及其团队经过近一年的精心准备,充分发挥教育领域妇女教育专家和教育工作者的积极性,介绍中国妇女教育发展在各个领域的成就、面临的问题与挑战以及发展趋势,使教育论坛取得圆满成功,并受到非政府论坛组委会的表彰。郝克明研究员在论坛开幕式上做了"教育是决定21世纪妇女命运的关键"的主题演讲。她的演讲获得与会中外教育学者的高度认同。

1999年,郝克明研究员出任中国教育国际交流协会第一副会长。在她的倡导下,中国教育国际交流协会举办中国教育国际论坛,加强了协会促进教育国际学术交流的职责和作用。郝克明研究员就任中国教育国际交流协会第一副会长的任期内,于2000年、2001年、2002年、2003年连续举办了"21世纪信息技术的发展对教育的挑战""基础教育发展改革的趋势""职业教育的发展与国际合作""经济全球化与教育发展和人才培养""终身学习体系的构建"等五届教育国际论坛。

2010年5月19日至21日,教育发展战略学会与联合国教科文组织、上海市人民政府、中国教科文组织全国委员会共同主办上海国际终身学习论坛。论坛主题为"让学习伴随终生——终身学习的进展、发展趋势和制度建设",来自有关国际组织和37个国家共200余名中外专家出席了会议。与会各国专家从不同角度和领域,深刻总结了世界范围内终身学习的进展和经验,对促进我国和世界加强终身学习的实践和研究具有重要意义。这次论坛受到我国政府领导同志刘延东副总理和国际组织的高度评价。

郝克明研究员结合自己的研究成果,通过国际学术研讨会与学术演讲,注重介绍中国教育改革开放的历史性成就和面临的问题与挑战,让世界了解中国。例如1996年她应美国宾夕法尼亚大学教育学院的邀请到该校讲学。她在该校举办的几次关于中国教育问题的讲座中,介绍了中国教育发展的成就、问题与教育发展趋势的战略选择等。她的讲演受到该校师生的欢迎。特别值得提出的是,她在讲学、与师生座谈以及在和美国教育部部长的会见中,充分运用了国家教育发展研究中心和华东师范大学等单位联合研究编制的《中国教育地图集》这一研究成果。《中国教育地图集》收集了自1963年到1994年1600万个有关教育发展的数据,精心设计和制作了240幅彩色地图和400多幅不同形式的彩色图表,形象地展示了中国教育发展的历史、现状及其演变规律和趋势,反映了中国教育发展与中国经济、人口、民族、地理环境以及经济和社会发展水平之间的关系。该图集不仅在国内受到广泛的好评,被誉为教育科学与地图科学结合的创举,在美国也引起了宾夕法尼亚大学教育学院师生的关注。宾夕法尼亚大学教育学院院长苏珊女士说,这种反映教育状况的地图美国还没有,中国教育科学工作者在教育战略研究方面所下的功夫和创意很值得美国学习。为了表示对郝克明研究员讲学的感谢,宾夕法尼亚大学教育学院以郝克明先生的名字设立了奖学金。

三

1988年，郝克明研究员与美国卡内基教学促进基金会主席、美国教育界的泰斗波伊尔博士，共同签署了中国国家教育发展研究中心与美国卡内基教学促进基金会的学术交流与合作协议，从此开始了双方的友好交流与合作。应波伊尔博士的邀请，郝克明研究员于1988年、1991年、1993年三次访问美国；波伊尔博士应郝克明研究员的邀请，也多次来中国访问。交流合作取得了积极成果，郝克明研究员与波伊尔博士之间也建立了深厚的友谊。波伊尔博士在临终前，决定将其教育藏书捐赠给国家教育发展研究中心，以表达他对中国教育工作者的深厚友情。美国卡内基教学促进基金会代理主席格拉西科博士和波伊尔博士夫人率领的代表团还专程来到北京，出席1996年中国国家教育发展研究中心成立十周年纪念活动。为了纪念波伊尔博士在学术研究和促进中美友好交流和合作方面的贡献，由郝克明研究员提议，北京大学授予波伊尔博士名誉博士学位。2000年，应美国卡内基教学促进基金会主席李·舒曼的邀请，郝克明研究员访问美国，并结合有关研究课题，与美国教育界人士进行了研讨。郝克明研究员与波伊尔博士共同推动的教育友好交流合作以及在合作中形成的深厚友谊，堪称中美两国教育科学工作者友好交流合作的典范。

2003年11月5日，郝克明研究员参加了由美国前总统乔治·布什发起、得克萨斯农工大学和中国人民对外友好协会联合举办的中美关系研讨会，并应邀担任研讨会教育专题论坛的主席。这也从一个侧面证明了郝克明研究员在中美民间教育交流中的影响和地位。

郝克明研究员领导的国家教育发展研究中心和德国著名教育专家伯克博士在职业教育等方面的交流合作，是中德两国教育科学工作者友好交流合作的范例。伯克博士除了两次邀请郝克明研究员率领代表团考察德国职业教育外,还就德国的职业教育和远程教育经验,写信给郝克明研究员。时任国务院副总理兼教委主任李鹏同志批示广播电视大学参照德国经验设立了中小学教师培训课程。1991年,在伯克博士和郝克明研究员的倡议和推动下,经国家教委批准,国家教育发展研究中心和德国有关部门签署了在苏州建立小学和初中劳技课教师培训中心的协议,为研究借鉴德国的先进经验,规范和提高基础教育劳技课的质量,增强学生的劳动观点和掌握劳动技能作出了贡献。

2004年9月30日,美国哥伦比亚大学教育学院理事会审议决定授予郝克明研究员"教育与人类发展杰出贡献奖"。该奖是哥伦比亚大学教育学院授予全世界对教育和人类发展作出杰出贡献的个人的最高荣誉,此次是中国专家学者首次获此殊荣。2004年10月25日,哥伦比亚大学教育学院院长、著名教育家莱文教授等人专程来北京为郝克明研究员举行颁奖仪式。这在一定程度上说明美国著名高校对郝克明研究员在世界教育研究领域所作贡献的认可。

纵观郝克明研究员在宏观教育研究领域工作的三十年,她在国际教育交流领域的重要贡献主要体现了以下几个特点。

1.所从事的研究和国际交流活动都具有高度的战略指向

郝克明研究员组织或推动的每项国际交流活动都有很强的目的性,通常涉及与国家社会发展密切相关的重大教育发展战略问题和教育政策问题,如教育规划制定的国际研究,教育结构调整的国际研究,终身学习的国际研究,开放大学的国际比较研究,等等。开展国际交流活动是为了借鉴国际先进经验,为国家教育发展和改革以及教育重大决策服务。她撰写的许多政策研究报告不仅有在国内认真调查研究的扎实基础,而且有比较宽广的国际视野,得到了教育界和国家教育领导决策部门的重视。

2.对学习国际教育的理念与经验,强调比较鉴别、为我所用

郝克明研究员在2001年5月举办的以职业教育为主题的国际教育论坛中做了"比较鉴别,促进发展"的发言,对如何促进职业教育领域的国

际交流谈了自己的看法。她指出,许多国家从职业教育的内涵、体系、结构、办学体制、发展机制到人才培养模式、课程内容和教学手段等,都进行了许多重要的变革和创新。只有经过比较和鉴别,才能促进发展。她向来主张对发达国家的经验,既要认真研究学习,又要从本国的实际出发,不要盲目学习。2000年,她针对一些国际组织的专家提出中国在2020年应取消中等职业教育的论点,在《教育研究》发表文章"在我国教育事业新的发展中应高度重视职业教育的发展",明确表示了不同的意见。她在文中运用大量调查数据说明,在我国相当长时期,对中等职业教育仍然存在着相当大的需求;从我国的实际出发,忽视或者削弱中等职业教育将会对我国经济和社会发展带来严重的影响。这篇文章受到教育部主管职业教育的副部长王湛同志的高度重视,他批示把这篇文章提交给当时正在召开的全国职业教育会议学习参考。

3.开展国际交流强调实效,重视质量和可持续性

由郝克明研究员组织推动的国际交流活动往往不是一次性的单边论坛和出访活动。每项活动的设计和组织安排缜密,不搞花架子,强调交流活动的质量和水平,重视交流活动的持续发展。如教育发展研究中心与美国卡内基教学促进基金会的合作延续了十多年,国际交流协会国际教育论坛每年一届,每年都有新的议题,但主题都围绕我国和世界21世纪教育发展和改革面临的共同问题和挑战来进行。关于终身学习的研讨,进入21世纪以来,她主持召开的国际研讨会就有3次。最近她还特别强调,为了提高我国教育科学研究的水平,对于一些重大课题,必须要经常了解所研究领域的世界动向,力求使我们的研究课题能够站在世界教育科学研究的前沿。

4.以求真务实的科学态度和个性魅力推动双边交流发展

郝克明研究员对国际教育领域的新问题、新事物、新成果非常敏感。她追新并不盲目崇新,坚信只有博采各国各家之长,只有经过比较、鉴别和深刻的思考,才能促进发展。她钟情科研,勤勉敬业,每一篇文章从命题到框架结构设计到文字细节,事必躬亲,反复修改,精益求精。她以宽

广的视野和高水平的研究成果赢得了国内外同事、同行的尊重。她以极具个性的教育外交与美国教育界的泰斗波伊尔博士、德国教育专家伯克博士、美国哥伦比亚大学教育学院院长莱文教授、宾夕法尼亚大学教育学院院长苏珊女士和韩国教育开发院院长李敦熙等建立了真诚的友谊,推进了与这些国家高层次、宽领域、实质性的教育交流与合作。

(本文系作者在 2013 年 9 月 13 日郝克明教育科研成果研讨会上的发言)

郝克明：恪守初心铭记使命
推进教育战略研究

叶之红

郝克明，1933年7月生。她长期致力于中国教育发展战略和重大政策研究，是我国教育战略研究领域对国家教育改革和发展作出突出贡献的资深专家。她曾担任北京大学党委政策研究室主任，国家教委（教育部）政策研究室副主任、主任，国家教委副秘书长、专职委员，国家教育发展研究中心主任，中国教育国际交流协会第一副会长，全国教育科学规划领导小组副组长，中国教育发展战略学会会长，国家教育咨询委员会第一届、第二届委员兼终身教育体制机制建设组组长，北京大学、北京师范大学等校兼职教授、博士生导师。

一、中国教育改革发展战略及政策研究的卓越贡献者

郝克明出身于陕西西安一个教育者家庭。她的父亲20世纪20年代公费留学美国斯坦福大学研修教育心理专业，回国后在安徽大学、西北大学、西北师范学院等校担任教育系教授，并创办陕西师范专科学院（陕西师范大学的前身），毕生奉献于国家的教育事业。郝克明自幼受到家庭的熏陶。1949年10月，她加入新民主主义青年团（共产主义青年团的前身），开始系统接受革命人生观和共产主义理想信念的教育。1951年，她

高中毕业,进入北京大学学习。她在全系同届学生中第一个加入中国共产党。毕业前夕,她服从组织安排,放弃选送留学苏联的机会,提前毕业参加学校党的建设和宣传等工作。

"文化大革命"时期,北京大学成为重灾区,郝克明在逆境之中,不放弃自己的理想信念,经受住了严峻考验。基于对国家教育发展实践经验和深刻教训的体会,她认识到:教育发展改革重大决策的失误,会对国家社会、经济和教育发展造成极大破坏,其破坏性的影响有可能波及几代人。

改革开放后,国家建设百废待兴,郝克明深切感受到,随着社会经济、科学技术的快速发展,教育正在成为提高国家综合实力及国际竞争力最重要的因素。同时,现代教育本身正在发展成为一个庞大而复杂的社会系统,迫切需要从战略高度上进行综合研究,以便做出正确的科学决策。20世纪70年代末,她参与发起筹办北京大学高等教育研究所。1981年,她调到教育部政策研究室工作。1985年,她积极推动成立的国家教育发展研究中心,成为中华人民共和国历史上首个教育决策咨询的专门研究机构。

改革开放四十多年来,她以强烈的事业心、责任感投身于我国教育发展和改革重大战略问题与宏观决策的研究,并把研究和教育改革的实践紧密结合起来,努力促进科学研究成果转化为决策和实践,为我国教育科学和教育事业发展作出了重要贡献。

1.在教育战略研究方面取得了一系列具有重大实践意义和理论意义的研究成果。

郝克明担负的"中国高等教育结构研究""应用学科高层次专门人才培养研究""走向21世纪的中国教育""当代中国教育结构体系研究"和《视野、战略、实践——郝克明终身学习研究文集》等五项研究成果,先后获得全国教育科学研究优秀成果奖一等奖。她主持完成的"构建终身学习体系和学习型社会的研究""中国独生子女群体的实证研究"两项研究成果,在2012年荣获教育部首次颁发的"全国教育科学研究突出贡献奖"。1999年,她和谈松华共同主持的"走向21世纪的中国教育——21世纪初中国教育发展战略研究"获国家哲学社会科学基金项目优秀成果奖一等奖,这是当时我国教育科研领域唯一获得此项荣誉的研究成果。作为在教育科研领域获得国家级教育科研成果最高奖项最多的专家之一,郝克明的研究成果在促进我国教育改革发展实践以及重大教育决策的科学化方面发挥了重要作用。

她的教育科研成果也受到国际教育科学界的肯定与好评。1993年,她获得美国胡德文理学院授予的人文科学名誉博士学位;1996年,美国宾夕法尼亚大学以她的名字设立了研究生奖学金,这是该校第一次以中国专家命名的奖学金;2003年,她应邀参加了由美国前总统布什和中国国务院前副总理钱其琛联合主持的中美研讨会,并担任教育专题论坛的主席;2004年5月,美国哥伦比亚大学教育学院授予她"教育与人类发展杰出贡献奖",她是这个奖项授予的第一位亚洲专家。

2. 为改革开放以来我国教育重大决策研究作出了重要贡献。

郝克明积极参加了改革开放以来我国教育重大决策的研究讨论和制定工作。她是1985年《中共中央关于教育体制改革的决定》调研起草的参与者之一,1992年《中共中央关于完善社会主义市场经济体制若干问题的决定》起草调研教育专题组负责人,1993年《中国教育改革和发展纲要》调研起草组的主要负责人之一,2010年《国家中长期教育改革和发展规划纲要(2010—2020年)》调研起草组继续教育专题组组长。

同时,在她担负的重大研究课题中,她在研究工作的基础上提出的许多咨询报告和政策建议,受到党和国家领导人以及教育领导部门的肯定和重视,成为国家教育改革宏观决策重要的科学依据。

2010年她被聘为国家教育咨询委员会委员,并兼任终身教育体制机制建设组组长。她不负使命,认真负责,为推进我国终身学习和教育发展重大决策科学化作出了贡献。2014年,时任国务院副总理刘延东在给郝克明的信中说:"郝克明先生长期致力于我国教育发展战略研究和重大决策咨询,取得了丰硕的研究成果,为推动教育事业改革发展作出了重要贡献。今虽已耄耋之年,仍不辞辛劳,活跃在推动终身教育、建设学习型社会之前沿,令人敬佩与感动。她的教育思想和科研成果是我国教育领域的宝贵财富。"

3. 着力推动教育宏观研究机构和群众性学术研究组织的建设。

在她的提议和推动下,1986年国家教育委员会成立了国家教育发展研究中心,这是改革开放以来中国教育改革与发展宏观决策的第一个智库。她还是1985年成立的中国教育发展战略研究会的创始人之一。2005年,她创立了中国教育发展战略学会。她长期肩负这些学术机构的领导工作,培养了一支从事教育发展战略研究的骨干队伍,团结了我国教育界一大批高水平的专家学者,为我国的教育改革和发展贡献了力量。中国教育发展战略学会原会长、原北大党委书记闵维方教授,在学会讨论学术工作的会议上曾指出:"郝克明同志在宏观教育研究领域为我们树立了一块巨大的丰碑,她为我国教育发展战略研究事业奠定了坚实的基础。"

二、国家教育发展战略及宏观政策研究的杰出引领者

满怀科教兴国的强烈责任感和使命意识,郝克明始终站在国家发展全局的高度,从造福人民的根本利益出发,开创、引领着我国教育宏观战略及决策研究。

1. 高度重视和坚持以马克思主义的科学思想、方法论为指导。

习近平总书记深刻指出,当代中国正经历着我国历史上最为广泛而深刻的社会变革,也正在进行着人类历史上最为宏大而独特的实践创新。这种前无古人的伟大实践,必将给理论创造、学术繁荣提供强大动力和广阔空间。郝克明遵循党的教导,在研究选题定位上,坚持从中国的实际出发,以基础性、先导性、全局性的重大问题为研究对象,着力服务于科教兴国战略和教育重大科学决策的制定与实施。20世纪80年代以来,她持续关注优化国家教育宏观结构的重大战略问题,高度重视推进教育适应

经济社会发展要求,以培养社会主义建设需要的拔尖创新人才。

20世纪80年代中叶,郝克明主持的"应用学科高层次专门人才培养途径多样化问题研究",以机械、电力、冶金、计算机、农业科学、法律、金融、新闻、财会和临床医学10个专业领域和10多个行业为重点,深入剖析研究了与这些学科相关的社会高层次专业技术岗位(如高级工程师、高级农艺师、高级经济师、高级会计师、银行家、高级法官、主任医生等)的人才知识结构和人才培养模式的特点,研究总结中国和世界发达国家培养应用型高层次专门人才培养经验,深入第二汽车制造厂、华中农业大学、最高人民法院等单位进行重点调研,在缜密扎实的研究基础上提出了应用学科高层次人才培养的6种途径,同时对中国研究生教育改革提出了建议。这项研究成果受到我国许多行业领导和高等学校专家学者的好评,如当时的协和医院院长吴阶平院士、航空航天系统高级工程师陆元久院士、最高人民法院院长任建新、著名经济学家厉以宁等资深专家,在各种会议和报刊上对这项研究工作的思路和方法给予了高度赞扬,充分肯定和支持研究成果提出的政策建议。这项成果受到时任国务院副总理兼教委主任李鹏的重视和肯定,直接推动了我国研究生教育制度的改革。教育部前副部长陈希曾指出,这项研究成果,使我们在培养国家急需的应用型高层次专门人才方面,少走了十几年弯路,功不可没。

几十年来,郝克明从党和国家建设发展大局对各级各类人才的需求出发,针对优化宏观教育结构、培养应用型高层次专门人才、推动产学研协同育人、改革教育管理体制机制、监测教育发展及质量提升、做好特殊国情中的独生子女教育、全面建设学习型社会等重大课题,不断拓展和深化对教育现实问题及深层机制的战略决策研究。她主持的课题具有重大实践意义和理论意义,无一例外均被列为我国教育科学研究规划的重大项目,其中很多项目成为她长期追踪研究的重要课题。

2.突出强调教育战略研究的系统分析、实地调查、大数据分析和国际比较研究的科学方法。

四十年来,作为教育战略研究的领军人,她坚持从中国国情出发,努力把教育发展和改革的重大问题放在历史发展的进程和社会发展的大背景中研究,打破就教育论教育、从概念到概念、从书本到书本的研究模式,注意考察政治、经济、科技、人口和社会发展对教育发展的影响,研究社会发展与时代特征对教育发展和改革的要求。在课题研究过程中,她总是深入一线开展大规模调查研究,通过各种方式的访问、座谈广泛听取意见,真正做到了理论研究与实证分析相结合、现状研究与历史反思相结合、本土研究与国际比较相结合。

1988年至1993年,郝克明和谈松华一起主持了"21世纪初中国教育发展战略研究"。该课题从经济到社会、从现实到历史、从中国到世界,需要做大量调查、分析和研究论证,是个全方位的大工程。研究期间召开的调查会、研讨会、座谈会就有100多次,处理的数据达1000多万个。仅以其中的"九年义务教育发展目标"为例,她领导的课题组对全国2400多个县级单位涉及经济社会状况的13项指标进行了调查分析,与各县教育发展状况进行比较,在这些扎实工作的基础上,提出了对2000年九年义务教育发展目标的研究预测。这项研究在教育发展的战略目标、教育结构体系、教育体制改革、未来人才素质和教育质量等方面提出了一系列重要的思想、观点和政策建议,许多观点和意见被国务院制定的《中国教育改革和发展纲要》及其实施意见所采纳。

几十年来,郝克明在思想作风上始终坚持实事求是的科学精神,切实促进了宏观教育战略研究的学科发展。在教育战略研究的长期实践中,郝克明特别强调研究方法科学、过程严谨、结论可靠,总是坚持脚踏实地的调查研究,力求以严谨扎实的研究成果为教育发展战略及政策制定提供科学依据。她特别注重贯彻党的百家争鸣方针,善于集思广益,提倡坚持真理,说实话,说真话。她赞成学术研究要"不唯书,不唯上,不唯众,不唯我,不唯风",鼓励不同学术观点意见的讨论,形成开明民主的学术氛围。

3.重视扩大中国教育战略研究的国际影响,力求在国际教育竞争中争取战略主动权。

作为中国教育战略研究的重要领军人物,郝克明注意认真研究吸收国际教育领域先进的研究成果和经验,力求在部分研究领域能够站在世界教育科学研究的前沿。同时,她总是注意向世界介绍中国教育发展成就和教育科研成果,使研究成果彰显出重要的国际影响力。

在中国教育发展战略研究的基础上,郝克明创意并领导了《中国教育地图集》的研制出版。她组织国家教育发展研究中心研究人员与华东师范大学地理系合作,对中国教育发展以及与之相关的历史、社会等方面1600万个数据进行分析、研究,精心构思和设计,制作出了我国第一部全面反映教育事业发展进程和全貌、包括240幅彩色地图和400多幅图表的《中国教育地图集》。地图集运用直观形象的形式,反映了中国教育发展与经济、人口、民族、地理环境、社会发展水平之间的关系;反映了中国教育发展的历史、现状和趋势;反映了全国各级各类教育发展平均水平;反映了全国30多个省、自治区、直辖市的教育发展水平及特征。

《中国教育地图集》对展示中国教育发展的巨大成就和研究中国教育发展战略有很大的指导作用,被誉为"教育科学与地图科学结合的创举","教育宏观研究方法创新的重要尝试"。以中国科学院院士、地图学专家陈述彭组成的专家组对这本教育地图集评价很高:"这是作为全国性教育宏观决策和科学管理的综合性地图集,具有世界领先水平,这是迄今为止我们为中国已经出版的各种地图集首次写上这样高的评语。"时任国务院总理李鹏为地图集题词:"教育地图集对中国教育发展作出了贡献。"当时的教育部部长朱开轩不仅亲自主持地图集的新闻发布会,而且以教育部的名义购买了1000册教育地图集,供教育部各司局指导工作和促进世界教育交流使用。

这本地图集在国内受到热烈欢迎,在国外教育界也产生了积极的影响。时任美国伯克利加州大学校长田长霖在国家教育发展研究中心成立十周年纪念大会上说:"我这次来中国,看到你们送给我的教育地图集,我一边看,一边感到很震撼,昨天我一夜没有睡着。我反复想,美国是世界上最发达的国家,教育和科技水平都很高,教育地图集为什么美国没有做出来。这点我非常佩服你们。"

1996年,郝克明应邀到美国宾夕法尼亚大学讲学,受到热烈欢迎。时任美国教育部长两次会见她,她在宾夕法尼亚大学的讲学也产生了积极的反响。一些教授和研究人员在她讲学结束后,就职业技术教育、中国教育结构体系等问题,和她进行了讨论。

几十年来,郝克明始终积极推动建立国际交流对话机制。她领导国家教育发展研究中心,会同联合国教科文组织,于1989年底在北京香山饭店举办了"面向21世纪教育国际研讨会"。在这次会议上,代表们探讨了21世纪社会发展对教育的种种挑战,继倡导"学会生存""学会合作"理念之后,提出了"学会关心"的新教育理念,不仅在学术界引起极大反响,而且逐渐显现出全球影响力。1999年,她出任中国教育国际交流协会第一副会长后,围绕中国和世界共同关心的教育问题,连续组织举办了5届中国教育国际论坛,获得了国内外教育界专家的好评。

三、教育发展战略研究智库及学科建设的重要奠基人

郝克明不仅对促进我国教育改革与发展作出了贡献,而且开创了我国教育发展战略研究的先河,为我国创建教育发展战略研究学科、丰富教育理论宝库,发挥了重要作用。

一是始终坚持把提高研究质量摆在最突出的位置,不仅强调出"精品",并且精益求精、殚精竭虑,努力使每项研究成果达到最高水平,具有强烈的现实导向、问题意识,有熟悉政策、服务决策的自觉意识与研究水平,这形成了郝克明研究成果鲜明的理论特色。她所倡导的客观严谨的学术态度、严谨务实的研究精神、实事求是的调查分析方法,正在成为教育发展战略与宏观决策研究者的基本素养和思想作风。

几十年来,她的研究专著主要有《中国高等教育结构研究》《应用学科高层次专门人才培养途径多样化研究》《走向21世纪的中国教育——中国教育发展战略研究》《当代中国教育结构体系研究》《中国教育地图集》

《面向21世纪·我的教育观(综合卷)》《教育·社会·未来——郝克明教育文集》《中国独生子女群体实证研究》《跨进学习社会——建设终身学习体系和学习型社会的研究》《跨进学习社会的重要支柱——中国继续教育的发展》《视野、战略、实践——郝克明终身学习研究文集》《让学习伴随终身》,等等。她主编的《发达国家教育改革的动向和趋势》成为人民教育出版社品牌产品。

作为获得全国教育科学研究优秀成果奖一等奖最多的专家之一,她分别于1990年、1999年、2006年、2016年获全国教育科学研究优秀成果奖一等奖,1999年获国家哲学社会科学基金项目优秀成果奖一等奖,并获得教育部颁发的"全国教育科学研究突出贡献奖"。她领导编制的《中国教育地图集》获教育部科技进步成果奖一等奖。她编写的《让学习伴随终身》入选教育部哲学社会科学研究普及读物。她的著作还获得新闻出版署国家图书奖教育类一等奖、中国出版协会第十三届中国图书奖。

《郝克明教育文集》《郝克明终身学习研究文集》出版后,引起许多学者的思想震撼和共鸣。顾明远特别指出,回顾国家教育发展历程,总结教育改革经验,文集为我们提供了真切、丰富、深刻的记忆与思考,充实了教育理论宝库,也是纪念我国教育改革开放成就的最好献礼和最好教材。

二是着力推动教育战略及决策研究的智库建设,引领教育战略及宏观决策研究学科的创新发展。郝克明始终按照国家教育改革发展的信息库、思想库、智囊团的标准,狠抓新型智库建设,狠抓关系全局、长远、基础性问题开展研究,并着力增强研究的前瞻性、时效性、战略性以及研究成果的可操作性,努力发挥这一学科在教育决策咨询方面的作用。

近年来,上海社科院智库研究中心发布的中国智库报告,采用用户评价、同行评价与社会评价相结合的方式和"4+1"评价标准,从"决策影响力、学术影响力、社会影响力、国际影响力以及智库的成长能力"5个方面衡量智库影响力,国家教育发展研究中心在教育类智库专业影响力排名中始终名列第一。为此,2019年,时任国家教育发展研究中心主任陈子季在题为《不忘初心,牢记使命,沿着郝克明先生开创的道路砥砺前行》的新年工作报告中着重指出:发展中心在智库建设方面形成的全国性影响力,得益于发展中心创始人郝克明先生在机构职能定位、研究特色、队伍建设诸方面所作出的历史性卓越贡献。

2013年9月13日,国家教育发展研究中心、中国教育发展战略学会与北京大学联合举办的"郝克明教育科研成果研讨会"在北京举行。会议全面介绍了郝克明的教育思想,并对她的教育战略研究方法、研究成果进行了总结讨论,时任教育部副部长郝平出席并讲话,高度赞誉了郝克明研究工作的成就、学术精神和品格。

三是在组织建设上,她充分发挥各方面专家的咨询作用,为开创教育战略及政策研究人才辈出的局面作出了贡献。郝克明从事教育宏观决策研究数十年,为使中国教育发展战略及宏观政策研究健康可持续发展,她以战略思想家的眼光,积极倡导建立相关机构组织,广泛组织国内各教育研究领域的顶尖学者,努力培养高水平的研究队伍。正是在她的大力推动下,国家教育发展研究中心、中国教育发展战略学会积极推动我国教育发展战略和重大问题的研究,引领我国教育发展战略研究不断深入,推动我国教育宏观战略研究队伍不断壮大。

郝克明认为,中国拥有世界上规模最大的教育人口,中国教育发展也面临着极为复杂、急剧变化的内外环境和严峻挑战。组织"跨学科、跨部门、跨领域、跨地区"的团队开展合作研究,是她进行学术研究的显著特色。她特别注重与高等学校、社会有关部门和组织、研究机构以及教育决策等部门专家密切合作,她主持的研究项目大多是跨行业、跨部门、跨学科的合作研究项目,一些知名经济学家、人口学家、科学家、法学家、医学家,都会经常出现在她的研究团队中。

为将国家教育发展研究中心打造成为国家教育战略研究的思想库、智囊库、数据库,郝克明特别注意组建多学科协同攻关的研究队伍,为此广泛招募了教育、经济、法律、人口等学科的优秀人才,培养了一支从事教育发展战略研究的骨干队伍;同时成立了专家咨询委员会,团结了我国教育界一大批高水平的专家学者,共同为教育改革发展出谋划策,凸显出国家教育战略研究领域新型智库的影响力。

"不忘初心,方得始终。"郝克明在中国教育发展战略及宏观决策研究领域,树立了一面思想的旗帜、一座精神的丰碑。她的每一次讲话,无不给人以深刻的思想启迪和精神鼓舞。她总是激励大家团结奋斗、努力创新。她在教育科学研究特别是教育宏观决策和战略研究工作中,谱写了灿烂光辉的篇章,为教育事业新的发展和改革创新,为中华民族的伟大复兴,作出了巨大的贡献。

(本文原载于周洪宇总主编《教育奠基未来——新中国教育70年70位教育人物》,湖北教育出版社2019年出版)